Grafia atualizada segundo o Acordo Ortográfico da Língua Portuguesa de 1990, que entrou em vigor no Brasil em 2009.

PRODUÇÃO EDITORIAL: Colmeia Edições
PREPARAÇÃO DE TEXTO: Luana Balthazar
REVISÃO: Lizandra M. Almeida e Luana Balthazar
PROJETO GRÁFICO E DIAGRAMAÇÃO: dorotéia design/Adriana Campos
ILUSTRAÇÃO: Priscilla Ballarin

Dados Internacionais de Catalogação na Publicação (CIP)
Angélica Ilacqua CRB-8/7057

Ornellas, Marco
DesigneRHs para um novo mundo : como transformar o RH em designer organizacional / Marco Ornellas. -- São Paulo : Colmeia Edições, 2021.
160 p. : il.

Bibliografia
ISBN 978-85-93726-06-4

1. Recursos humanos 2. Administração de pessoal 3. Desenvolvimento organizacional 4. Mudança organizacional I. Título

17-1531 CDD 658.3

Índices para catálogo sistemático:
1. Recursos humanos

Colmeia Edições

Todos os direitos desta edição reservados a **Colmeia Edições**
São Paulo, SP, Brasil. Tel.: (11) 3062-7909
contato@colmeiaedicoes.com.br | www.colmeiaedicoes.com.br

DesigneRHs para um Novo Mundo

COMO TRANSFORMAR O RH EM DESIGNER ORGANIZACIONAL

Marco Ornellas

2ª reimpressão

Às minhas filhas **Maria Fernanda**, **Mariana** e **Ana Beatriz** pela sempre presente oportunidade de aprendizagem e inspiração.

Caique e **Vitor**, meus netos queridos, e hoje razão para compartilhar meus aprendizados e construir um legado.

José Netho, meu grande companheiro, e apoio na minha jornada.

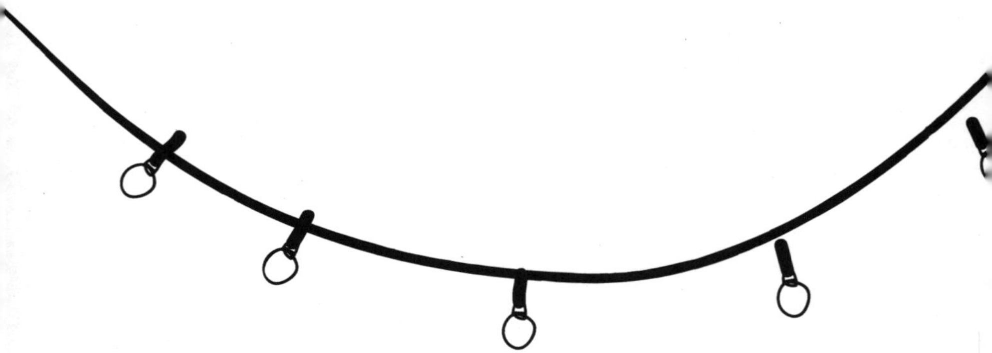

AGRADECIMENTOS

Este livro é resultado da minha própria jornada do herói. Era uma vontade e um sonho antigo, que adiei até não poder mais. Quando olho para trás, vejo que o caminho escolhido sempre foi o do coração.

Nunca tive dúvidas do meu poder transformador e da minha capacidade de construir um mundo melhor. Esse desejo move todos os trabalhos que conduzo – nos clientes e no Curso de Formação de Consultores e Designers Organizacionais. O feedback que tenho de clientes e ex-alunos sobre o impacto deixado em cada um deles é o combustível que me impulsiona a seguir em frente.

Com este livro, não poderia ser diferente. As ideias aqui apresentadas nasceram de dúvidas, refletidas e discutidas à exaustão. São inspirações e provocações, que não devem, em hipótese alguma, ser consideradas verdades ou certezas, o que contrariaria o próprio princípio da obra. Você tem toda liberdade para concordar ou discordar; só não pode ignorar ou não se deixar tocar por questões que envolvem e influenciam sua rotina, seu trabalho, sua vida.

Muitas pessoas fizeram parte da minha vida e dessa jornada, e é difícil agradecer ou reconhecer todos esses contatos e presenças. Vou tentar ser carinhoso com cada um deles.

A criação desta obra tem o esforço pronto e generoso da Tatiane R. Lima, jornalista que me orientou, me ajudou a escrever e revisou inúmeras vezes, captando e transformando minhas ideias em palavras e parágrafos e dando o tom poético ao mesmo tempo que profundo e acadêmico. Com você, Tatiane, pude trocar, compartilhar, esclarecer e estar mais consciente do que tinha para contribuir e oferecer como minha história. Muito obrigado!

Gilberto Shinyashiki, você foi meu primeiro Mestre (com M maiúsculo!). Ainda jovem, escolhi estudar Psicologia e vi em você o profissional e a pessoa que eu gostaria de ser. O desejo, na época, era desenvolver uma carreira em consultório e viver da Psicologia Clínica, mas você me arrastou e me apresentou o mundo organizacional. Muito obrigado. Você me aconselha e me inspira com sua maestria até hoje. Obrigado pelo grande amigo e pelo parceiro de tanto tempo. Muito do que está aqui tem a sua presença.

Aos meus queridos e mais recentes mestres, Humberto Maturana, Ximena Dávila, Peter Senge e tantos outros professores que tive oportunidade de conhecer, com quem aprendi e a quem admirei ao longo do Mestrado em Biologia-Cultural, concluído na Universidad Mayor do Chile e Escuela Matríztica, em 2014. Estar na presença de vocês foi importante fonte de crescimento e reflexão.

Humberto Mariotti, Cristina Zauhy e os colegas do grupo de estudo sobre Complexidade foram outra importante fonte de aprendizado e desenvolvimento pessoal. Com vocês, entendi melhor o mundo em que vivemos e aprendi a lidar melhor com os dilemas inerentes à busca de mais felicidade e harmonia interna.

Ao escolher o mundo corporativo como objeto do meu Mestrado, fui brindado pelo contato com um time de executivos de primeira linha. Mais do que profissionais competentes, são seres humanos inquietos e ansiosos por trocar, aprender e colaborar para a construção de um mundo melhor. Fazem parte desse grupo nomes como Alessandra Gianante, Carlos Griner, Cristina Aiach, Cristina Bonini, Cynthia Betti, Deli Matsuo, João Cândido, Lilian Guimarães, Luciana Camargo, Miriam Branco, Roberta Marques, Rodrigo Fernandes, Sergio Ferreira, Wellington Silverio, e mais recentemente Ramsés Abdul Ghani e Samantha Vidal. Preciso fazer uma menção especial a Françoise Trapenard, que teve um papel decisivo para ampliar meu campo de visão e minha rede de contatos. Saio de nossas rodas de conversa sempre muito impactado e mobilizado. E a Flavia Feitosa, minha orientadora da pesquisa no Brasil.

Quero deixar registrado um carinhoso reconhecimento aos amigos Aline Werner, André Mainart, José Zaforim e Sergio Alves, colegas do Curso de Design Thinking, projeto feito em parceria com a HiveLab. Tenho certeza de que, junto com o Mestrado em Biologia-Cultural, esse foi um dos momentos mais importantes no meu desenvolvimento pessoal e profissional. Os insights para o desafio do futuro de RH passaram pelo Design Thinking como metodologia de pensar, sentir e agir inovadora e decisiva num contexto de complexidade.

Quero agradecer também aos consultores da Ornellas Consultoria, equipe atual ou os que passaram por aqui; em particular Arthur Ranieri. O mesmo agradecimento dirijo a todos os nossos clientes que depositaram confiança e abriram espaço para esse debate e construção da minha maturidade e da empresa. Num país como o nosso, é sempre muito difícil manter um empreendimento por tanto tempo – mais especificamente por 25 anos –, sempre crescendo e contribuindo para o desenvolvimento de líderes e equipes que façam a diferença nas organizações e no mundo. Muito obrigado.

Agradeço aos parceiros de trabalho: Maria Augusta Orofino, minha querida Guta, saiba que a cada intervenção que fazemos juntos fico inspirado e certo do caminho do Design Organizacional. João Candido, Josué Cruz e Marluce Batista, pelas longas discussões e insights que temos tido em um ambiente totalmente em rede – eu em São Paulo, João e Marluce no Rio e Josué em Nova York. Somos a experiência viva da rede em ação.

Quero deixar o registro e o reconhecimento à Vera Regina Ribeiro Ornellas, minha ex-esposa, parceira de longos anos, apoiadora do meu projeto de Consultoria e colaboradora no Curso de Formação de Consultores desde o seu início, tendo permanecido até pouco tempo atrás.

E um agradecimento especial aos mais de 500 participantes da jornada de desenvolvimento denominada Curso de Formação de Consultores e Designers Organizacionais. Ao longo desses 25 anos de existência, esse programa foi meu campo de estudo, reflexão e ensaio de ideias sobre o assunto. É sempre para ele meu olhar e minha direção. Costumo sempre dizer que esse é meu filho mais querido.

Meus queridos amigos de Mestrado: Gizeli Belloli (minha sempre lady), José Carlos (Zé) Torquato, Henrique Santana, Káritas Ribas, Margarita Morales, Mauro Melo, Marilena Baronio e, em particular, Arthur Asnis. Meu grande amigo e parceiro, por seu intermédio tive a oportunidade de mergulhar nessa experiência e conhecer pessoas incríveis.

Obrigado também a Fábio Betti, que me apresentou a Colmeia Edições, onde fui recebido com muito carinho pela Lizandra Almeida, pessoa especial que, em pouco tempo mostrou a sensibilidade e cuidado para tratar desse livro com o carinho merecido e transformar o manuscrito nessa obra especial. Obrigado, Lizandra, Adriana e equipe Colmeia.

Priscilla Ballarin chegou no final, mas chegou chegando. Trouxe na mala muita sensibilidade e um traço suave, delicado, conseguindo transformar o futuro, o complexo e o digital numa arte humana, simples e absolutamente em linha com todo o conteúdo.

Por fim, meu agradecimento mais do que especial à minha família: minha mãe Leonor, meu pai Antonio *(in memorian)* e meu irmão Sérgio. Meus genros Felipe, Guilherme e Roberto. À Bete, minha querida cunhada, e aos meus sobrinhos Sergio, Debora e Flávia. Marlene, Fernanda, Fernando, Daniella e Rodrigo, pessoas especiais que hoje são parte da minha vida e também da minha família.

SUMÁRIO

PREFÁCIO

Em maio de 1980, fazia um outono frio em São Bernardo do Campo, quando um velho amigo, Milton Calegari, após uma expatriação para a Pirelli Itália, entregou-me o livro *La Gestione delle risorse umane* (A gestão de Recursos Humanos, em tradução livre), escrito por Ulderico Capucci e editado pela Pirelli. Este se tornou meu livro de cabeceira por um longo tempo.

A ideia central de Capucci era:

> *Gerenciar recursos humanos significa, fundamentalmente, integrar entre si HOMENS e ORGANIZAÇÕES: ou seja, conseguir obter o máximo de correlação possível entre o sistema dos OBJETIVOS a atingir, de uma parte, e o sistema dos COMPORTAMENTOS, de outra. Sob esse aspecto, é muito eficiente aquela organização que consegue obter a mais alta coincidência possível entre aquilo que se pede que façam seus componentes e aquilo que estes, concretamente, fazem.*

O que era marcante nessa ideia é que Capucci não fala de um sistema sobre o outro, mas de integração. Naquele tempo, víamos o RH lidando com sistemas contraditórios: ou era a organização ou as pessoas. Até os anos 1980, a gestão de pessoas foi tratada como uma área operacional, como se fosse compras, produção e marketing. Entretanto, gradativamente, ocorreu uma reorientação, um olhar mais integrativo, proativo e estratégico do RH na empresa.

Entre 2008 e 2009, os tempos ficaram difíceis para as empresas no Brasil. Orientei uma mestranda, Marcela Pacheco, que analisou a evolução da Gestão de RH em 21 empresas a partir do modelo de Lawler (1995), que descreve a evolução da função de RH em três papéis: Gestão de RH – papel usual de gestão de recursos humanos; Parceiro de Negócio – criação de sistemas e práticas que suportam a estratégia de negócio; e Parceiro Estratégico – o RH desempenha um papel que contribui para o desenvolvimento da estratégia da organização, pois "numa economia do conhecimento, a estratégia da empresa deve estar muito vinculada ao talento humano".

Compartilho esses dois eventos, porque eles marcam minha leitura do livro *DesigneRHs para um novo mundo*. A reflexão de Marco Ornellas em seu livro é bastante provocadora. Retoma e aprofunda a discussão de dois pontos críticos: qual é o objetivo da função e, finalmente, qual é o papel do RH.

A análise que o autor faz das pressões e desafios que as organizações vivenciam para assegurar a sobrevivência é extremante rica. Ele desenha com detalhes o mundo complicado, com muitas variáveis, e complexo, com muitas interdependências entre as variáveis. A leitura da seção que aborda o conceito de VUCA é imperdível, a ponto de sugerir a ideia de um novo mundo.

Na perspectiva de pessoas, sua dissertação orientada por Maturana mostra o aprendizado sobre compreensão das pessoas. O fechamento dessa integração entre pessoas e organizações nos traz a ideia do **designer organizacional**. Destaco uma citação do livro que mostra a essência do Designer:

> *É justamente da incerteza provocada pelos problemas complexos que a figura do designer organizacional se alimenta. Seu campo de atuação explora as possibilidades para promover aprendizados, ampliar as competências organizacionais e gerar soluções, cuja proficiência está no coletivo e não apenas no indivíduo.*

Em seguida, o autor descreve as competências necessárias para esse novo profissional. Afinal, o novo demanda novas competências (desapegar, doar e descobrir). É importante destacar também que Marco Ornellas percebe a integração entre os dois sistemas Organizações e Pessoas talvez como paradoxais, mas não como contraditórios.

Finalmente, ele explora sua dissertação com proficiência, mostrando que os líderes de RH que foram entrevistados confirmaram a mudança substantiva no papel da área de RH – Parceiro Estratégico. Com certeza, é um contexto estressante, como diz uma das pessoas entrevistadas.

 É uma área que vai ser extinta, ela tem que ser extinta na forma que está hoje. Não existe essa coisa de RH estratégico, de não sei o quê. Eu vejo que tem que haver uma mudança bem profunda na forma como se faz gestão de gente.)

Essa turbulência no mundo corporativo e no desenho das organizações permite várias soluções, ainda que nos falte clareza dos problemas que estamos resolvendo. Defini-los torna-se o maior desafio da nossa área, como diz outro entrevistado.

Hoje a gente tem respostas, mas não sabe as perguntas. Eu tenho resposta para tudo, mas não sei as perguntas, consequentemente o problema não é resolvido.

A seção que aprofunda o novo RH traz uma reflexão desafiadora e crítica. O texto é bem fundamentado em evidências e dados, e a lógica está claramente demonstrada. Entendo que é uma leitura obrigatória para compreendermos o que está acontecendo com a função de RH.

Conheço Marco Ornellas há muito tempo: fomos contemporâneos na faculdade de Psicologia e tivemos a oportunidade de trabalhar juntos, de forma tradicional, no início da sua carreira em Treinamento e Desenvolvimento (T&D). Ele sempre foi uma pessoa inquieta e muito consistente. Lembro quando saiu da Mercedes Benz para ser consultor em Liderança Situacional no CPB – admirei sua coragem de mudar (afinal, estava em uma grande e estável empresa) e de aprender mais. O que se confirmou quando decidiu estudar Liderança

Situacional com Paul Hersey, e com seu mestrado no Chile. Marco Ornellas sempre procurou estar no limite do conhecimento da área de RH.

Quando voltei de um período de estudo na ESSEC Business School, na França, voltamos a trabalhar juntos, em formato de rede, e construímos um programa de Formação de Consultores Internos para profissionais de RH. Era 1991 e Ulrich e Lawler ainda não dominavam o imaginário dos profissionais da área.

DesigneRHs para um novo mundo vem preencher uma lacuna importante que é a reflexão sobre RH, feita a partir do contexto de profissionais nacionais.

Boa leitura!

Gilberto Shinyashiki
Professor de Recursos Humanos
Faculdade de Economia e Administração da
Universidade de São Paulo, campus Ribeirão Preto

Capucci, Ulderico. La gestione dele risorse umane. Quaderni de formazione. Industrie Pirelli, n. 31. Marzo 1980.
Lawler III, E.E., Boudreau, J.W., Mohrman, S. A. Achieving Strategic Excellence - An Assessment of Human Resource Organizations. Stanford Business Books. California, 2006

O EQUILIBRISTA

É assim que tenho apresentado o profissional de Recursos Humanos (RH) em palestras e workshops Brasil afora. Sua função dentro das organizações mudou desde a Revolução Industrial: passou de um departamento que cuidava dos termos e condições do contrato de trabalho dos empregados para uma área especializada em pessoas, com expertise em práticas como recrutamento, pagamento, avaliação de desempenho, treinamento e desenvolvimento. Até o nome, que começou como Departamento Pessoal, evoluiu e ganhou variações pomposas, como Gente & Gestão, na AmBev, e Operações de Equipe, no Google. No entanto, esse avanço não foi suficiente.

No Vale do Silício, por exemplo, o RH foi taxado, segundo reportagem do *The New York Times*, de "inimigo da velocidade e da eficiência". Um grupo de Stanford acompanhou 200 startups e descobriu que apenas 6,6% tinham um formato de gerenciamento de pessoal semelhante ao das empresas tradicionais. O motivo? A área era considerada extremamente burocrática e sem pensamento estratégico. Essa crítica não está limitada àquela região da Califórnia, fonte de inspiração de tantas incubadoras e companhias no Brasil e no mundo. Uma pesquisa global da consultoria Deloitte mostra que apenas 5% dos CEOs consideram excelente o desempenho do líder de gestão de pessoas da sua organização. E tem mais: apenas um terço deles enxerga no executivo de RH os *skills* necessários para a tomada de decisão. A postura passiva e o repertório pobre dos profissionais, que adotam muitas vezes um papel de "tirador de pedido" ao invés de oferecer novos caminhos e soluções, são algumas das queixas dos chefes de negócios. O diagnóstico aponta um caso grave de miopia, que reduz drasticamente o campo de visão e de atuação.

Você talvez esteja se perguntando: se a evolução nas relações e nas operações de RH ao longo dos últimos anos é indiscutível, por que é que a área e seus executivos são percebidos dessa forma? Será que não há um mal-entendido, já que parte do trabalho do departamento prevê a armazenagem de documentos pessoais e atendimento em balcão? Não será essa uma reação a um "poder de vida ou morte" que o RH possui sobre as pessoas, uma vez que é uma área que controla informações importantes sobre cada funcionário?

Não. Não é uma injustiça, um mal-entendido ou uma conspiração. A verdade é que a evolução transacional da função não foi acompanhada de um *upgrade* na identidade e na postura a ponto de tornar esse profissional um agente estratégico dentro da organização. Essa função, discutida e perseguida há décadas, ainda permanece como uma promessa. Tirá-la do papel significa não só recuperar o protagonismo de RH, mas também contribuir efetivamente para a perenidade da organização.

ROTA DE VOO

A desaceleração econômica e a instabilidade política no Brasil sugaram o executivo de RH para o olho do furacão. Obrigaram-no a lidar com os dois lados da moeda: de quem atua no aumento das taxas de desemprego e de quem também tem a responsabilidade de enxugar custos para se manter no negócio. De acordo com a Pesquisa Anual de Tendências e Práticas de Recursos Humanos, produzida pela consultoria Korn Ferry e sua divisão Hay Group, 62% das empresas reduziram seu orçamento de RH em 2016. Apesar do otimismo declarado de alguns líderes empresariais, 71% das 309 companhias entrevistadas pretendiam manter ou diminuir o orçamento da área em 2017. Em outras palavras, os cintos continuam apertados, porque o céu não é de brigadeiro. O risco é alto para quem utiliza as velhas fórmulas para resolver os problemas, acreditando que elas ainda são a alternativa mais segura.

Ainda de acordo com a Korn Ferry e a Hay Group, as prioridades de RH para 2017 estão no gráfico 1, na página seguinte.

GRÁFICO 1

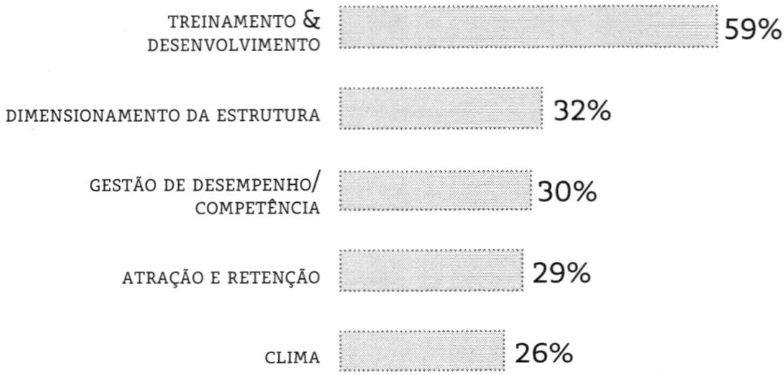

Fonte: Pesquisa Anual de Tendências e Práticas de Recursos Humanos, Korn Ferry/HayGroup, 2017.

E é aqui que mora o perigo. O pensar hoje está em "O que eu faço" e não em "O que eu entrego", ou seja, em como gero valor para o cliente interno e para o negócio. Diante de uma situação complexa, a aposta cai sobre ferramentas já conhecidas na tentativa de atravessar as turbulências e garantir o futuro do próprio profissional, da área e da organização. Faz-se o possível, independente se essa entrega é suficiente. O físico Albert Einstein, que nos deixou há mais de 62 anos, observou em meio ao mundo completamente analógico em que vivia que "nenhum problema pode ser resolvido pelo mesmo estado de consciência que o criou". Por que, então, se insiste em responder aos desafios com os mesmos modelos?

VUCA

Bem conhecida no mundo empresarial, essa expressão sintetiza o mundo em que vivemos. Exprime literalmente a Volatilidade (Volatility), Incerteza

(Uncertainty), Complexidade (Complexity) e Ambiguidade (Ambiguity) dos ambientes e das situações. Ao mergulhar no significado de cada palavra, você perceberá a profundidade do que estamos vivendo:

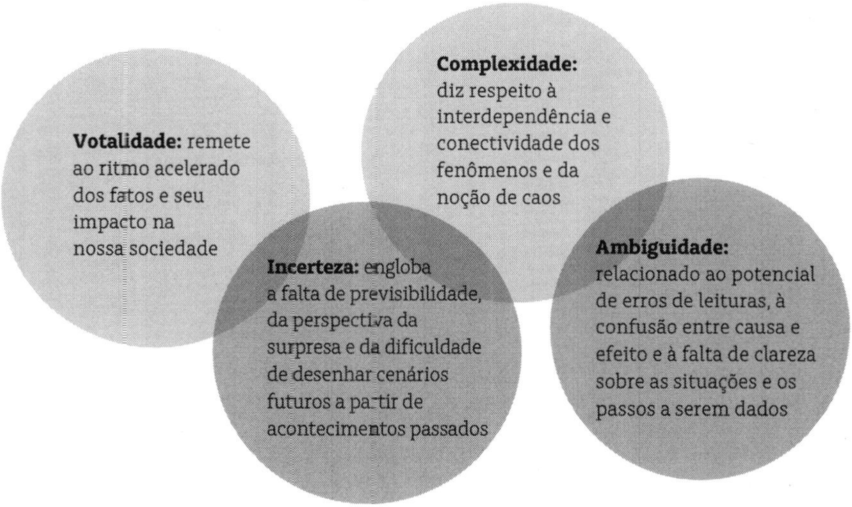

O pouco que se sabe é que esse mundo VUCA situa-se na intersecção de, pelo menos, três grandes crises: de valores, de sustentabilidade e do modelo econômico vigente, que têm como pano de fundo a revolução tecnológica. Isso não deve soar como surpresa para você, que deve ter notado as significativas, profundas e rápidas transformações que estão em curso e que, muitas vezes, criam calorosas divergências nas redes sociais, além de monopolizar o noticiário.

A **crise de valores** é provavelmente um convidado inesperado – se não inadequado – dentro de sua casa e de sua empresa. Os estilos de vida e modos de conviver estão mudando no que diz respeito à família, gênero, ética, religião, alimentação, educação, expectativa de vida, identidade, emprego, noção de tempo, entre tantos outros aspectos.

A discussão sobre diversidade, por exemplo, não se restringe à bandeira do feminismo. Ela é muito mais ampla e profunda. A identidade de gênero é servida como prato principal na tradicional novela brasileira por meio de um personagem transgênero e outro travesti. Está também na rede social preferida dos brasileiros: o Facebook. Na plataforma criada por Mark Zuckerberg, o usuário não precisa se definir como homem ou mulher, como acontece nos registros oficiais da sociedade. Desde 2015, há outras 15 opções. Considera, por exemplo, Homem Transexual, Mulher Transexual, Transgênero e Sem Gênero. Em outros países, a flexibilidade é ainda maior: há 54 e 71 opções, respectivamente, na Argentina e no Reino Unido.

UMA SOCIEDADE EM TRANSFORMAÇÃO

Fontes: Telegraph, The Guardian, O Globo, BBC

A revista *National Geographic* trouxe essa discussão para a capa de sua edição de janeiro de 2017 e a chamou de "Revolução do Gênero". Além de apresentar a história de Avery Jackson, uma garota trans de apenas nove anos, a edição explora o assunto sob a ótica da ciência, dos sistemas sociais e das civilizações. "Esperamos que essas histórias sobre gênero desencadeiem discussões valiosas sobre o quanto avançamos neste tópico – e o quanto ainda temos a evoluir", afirmou Susan Goldberg, editora-chefe.

Esse tema é tão importante e tão complexo que somente em 2016 a Organização das Nações Unidas (ONU) elegeu um relator especial para proteção contra a violência e discriminação baseadas em orientação sexual e identidade de gênero. "Como você se sente em relação ao outro, essa é a orientação sexual. Como você se sente em relação a você, que pode ser diferente do gênero atribuído ao nascer, essa é a identidade de gênero", definiu o tailandês Vitit Muntarbhorn, que assumiu o mandato sob forte objeção. Houve 23 votos a favor, 18 contra e seis abstenções.

A polêmica em torno da reforma da Previdência Social é outro bom exemplo da crise de valores: enquanto um grupo se revolta contra a possível aniquilação dos direitos trabalhistas, outro é quase indiferente. Não é por ignorância do que está em discussão, mas por enxergar um propósito, e não um peso, em seu labor. A preferência da nova geração por empreender ou trabalhar em uma organização não governamental em vez de uma multinacional é outro efeito colateral. O envelhecimento da população, o aumento dos movimentos por mais transparência e verdade, os crescentes conflitos ideológicos e religiosos, a digitalização da vida e a excessiva conectividade são, mais do que evidências, estopins desse mundo em transformação. As pessoas hoje buscam mais autonomia, sentem a necessidade de se desafiarem, atrelam realização a prazer, buscam a plenitude, querem a liberdade de se manifestar em cada vez mais formatos, treinam a flexibilidade, fogem do aprisionamento e colocam a confiança no centro de suas relações, inclusive de negócios.

É preciso destacar, ainda, a presença de três gerações no ambiente de trabalho, trazendo de um lado choques e conflitos e, de outro, diálogo e trocas que ajudam a construir soluções inovadoras e disruptivas ao considerar vários olhares para um problema. A previsão é de que, no futuro, o mercado de trabalho abrigue cinco gerações.

A **crise de sustentabilidade**, por sua vez, remete ao aquecimento global e às mudanças climáticas, que

95% brasileiros
têm consciência das mudanças climáticas e consideram que elas já atacam o Brasil
Fonte: Datafolha, Observatório do Clima e Greenpeace Brasil

+4,1 bilhões
de pessoas se feriram ou perderam suas casas em desastres relacionados ao clima desde 1995
Fonte: ONU

300 bilhões
de dólares por ano são gastos com os desastres naturais
Fonte: ONU

+122 milhões
de pessoas na pobreza até 2050 pelos impactos negativos do aquecimento global no setor agrícola
Fonte: FAO

Fonte: Exame, Agência Brasil, ONU

geraram e ainda geram inúmeros impactos. A concentração de dióxido de carbono atinge níveis insustentáveis, espécies de animais e vegetais correm risco de extinção e os recursos naturais não renováveis são evidentemente limitados. As estações do ano já não são tão previsíveis, os desastres ambientais tornaram-se infelizmente fatos cotidianos e os efeitos do clima já impactam a nossa rotina.

Esse cenário não deixa dúvidas sobre a necessidade urgente de mudança no **modelo econômico**. O capitalismo de apropriação, competição, lucro e resultados de curto prazo dá sinais de estagnação e extinção. Um relatório anual da Organização para a Cooperação e o Desenvolvimento Econômico (OCDE) reforça o contraste experimentado pelos 35 países mais ricos do mundo, nos quais a taxa de emprego não é acompanhada por aumento da renda. "O desemprego está diminuindo, mas muitas pessoas não sentem os benefícios disso, pois se deparam com salários estagnados e não têm perspectiva de carreira. Precisamos de um mercado de trabalho inclusivo que reconecte os benefícios de nosso modelo econômico com aqueles que trabalham nele", alertou Angel Gurría, secretário-geral da OCDE, em matéria do *Financial Times* reproduzida pelo *Valor Econômico*. A desigualdade não se limita à distribuição de renda: uma em cada cinco pessoas não tem acesso à eletricidade, de acordo com a ONU.

Uma nova economia já está em curso sob vários aspectos e pede uma produção e um consumo mais consciente, regulados por uma relação de mais harmonia com o meio ambiente. É o chamado Capitalismo Consciente. Se falávamos antes em **reduzir**, **reutilizar** e **reciclar** recursos, falamos hoje sobre **repensar** e **rea-**

proveitar colaborativamente o que dispomos e temos. Em um futuro não muito distante, **recusar** e **recuperar** serão parte crucial do vocabulário de uma economia e de um mundo inclusivo e compartilhado.

Fonte: Conscious Capitalism, Inc.

Capitalismo Consciente é uma expressão cunhada por John Mackey e Raj Sisodia e busca integrar a jornada humana e o meio ambiente ao potencial inato dos negócios para obter um impacto positivo e significativo no mundo. "As empresas conscientes são galvanizadas por propósitos mais elevados que servem, alinham e integram os interesses de todos os seus públicos de interesse", explicaram Mackey, fundador da Whole Foods, e Sisodia, consultor indiano e professor do Babson College, em artigo publicado na *Harvard Business Review*.

Para o líder espiritual Dalai Lama, "estamos, efetivamente, no ponto crucial da globalização, da competição econômica, do materialismo e do consumismo como caminhos para a satisfação e desenvolvimento humano. Em muitos países industrializados, vemos a decepção com o superdesenvolvimento e uma nova busca pela satisfação interior, paz e qualidade de vida".

Você acha que isso é papo de monge? Pois em seu relatório 'Retomando o Caminho para a Inclusão, o Crescimento e a Sustentabilidade", o Banco Mundial destaca que "embora seja uma condição necessária para a prosperidade compartilhada, o crescimento não é por si só uma condição suficiente. Políticas que ampliem as oportunidades econômicas, aprimorem o capital humano e a resiliência e reconheçam os ativos dos pobres (inclusive seu direito a terras e a recursos naturais) merecem particular atenção". O modelo econômico vigente levou-nos ao limite da desigualdade com o meio ambiente em todos os aspectos.

Em artigo para a *Harvard Business Review*, o professor da Georgia State University, Nate Bennet, defendeu que, por mais difícil que seja, é possível responder a esse mundo VUCA. Ele criou até uma matriz para facilitar o entendimento de onde estamos pisando (veja na página seguinte).

Essas três grandes crises estão imersas na revolução digital e na convergência NBIC, conceito que surge por encomenda do Comitê de Bioética do Conselho da Europa, que integra as Nanotecnologias (N), as Biotecnologias (B), as tecnologias de Informação (I) e as Ciências Cognitivas (C). Grande parte das inovações mais relevantes são a combinação dessas diferentes tecnologias.

É preciso compreender que estamos vivendo um **período sem precedentes na história**. Todas as refe-

32 CAPACIDADE DE PREVER OS RESULTADOS DA AÇÃO X CONHECIMENTO SOBRE A SITUAÇÃO

COMPLEXIDADE CARACTERÍSTICAS: A situação tem muitas partes interconectadas e variáveis. Parte da informação está disponível e parte pode ser prevista, mas o volume ou a natureza da ocorrência podem ser enlouquecedores. EXEMPLOS: Atuação pulverizada pelo mundo, com ambiente regulatório, tarifas e valores culturais diferentes. ATUAÇÃO: Reestruturação, expatriação ou desenvolvimento de especialistas, além da construção de recursos capazes de lidar com essa complexidade.	**VOLATILIDADE** CARACTERÍSTICAS: O desafio é inesperado ou instável ou pode ter uma duração incerta, mas não é necessariamente difícil de entender. Há conhecimento sobre o assunto disponível. EXEMPLOS: A flutuação de preços após um desastre natural tira um fornecedor do mercado. ATUAÇÃO: Planejamento e deslocamento de recursos – por exemplo, inventário de estoque ou sobreposição de talentos. Esses passos são normalmente caros; seu investimento deve estar alinhado ao risco.
AMBIGUIDADE. CARACTERÍSTICAS: Relacionamentos casuais são completamente incertos. Não há precedentes, você enfrenta "o desconhecido dos desconhecidos". EXEMPLOS: Você deve investir em um mercado emergente ou imaturo ou ainda lançar produtos fora das suas principais competências. ATUAÇÃO: Experimente. Entender a causa e o efeito requer a geração de hipóteses e seus respectivos testes. Desenhe seus protótipos para que as lições possam ser amplamente aplicadas.	**INCERTEZA.** CARACTERÍSTICAS: Apesar da falta de mais informações, são desconhecidos a causa e o efeito de uma ocorrência. A mudança é possível, mas não é certa. EXEMPLOS: O iminente lançamento de produto do concorrente coloca em risco o futuro do seu negócio e do mercado. ATUAÇÃO: Investimento em informação – coleta, interpretação e compartilhamento. Isso funciona melhor em conjunção com as mudanças estruturais, como adicionar uma rede de análise de informações capaz de minimizar a possível incerteza.

Fonte: Nate Bennet, Harvard Business Review

rências que construímos estão sendo colocadas por terra. O RH não é a única vítima!

NOVO MUNDO, NOVO MOLDE

O que acontece é que a gestão de recursos humanos, assim como o meio do qual faz parte, atravessa mais um período de transformação. Seu espaço organizacional e de influência está se movendo; as políticas, programas e ferramentas são insuficientes; e não há metodologias provadas, comprovadas e ainda capazes de se firmar com a mesma força e em curto espaço de tempo. As práticas vigentes não respondem aos desafios atuais das empresas, quanto mais os das organizações do futuro. O sonho de agregar valor ao negócio fica cada vez mais distante.

Eu não digo isso porque sou futurista ou futurólogo. Falo com a humildade de quem ingressou cheio de gás no RH de uma montadora no fim da década de 1970. Naquela época, já se buscava o caminho para alavancar o trabalho da área e ocupar uma posição mais prestigiada no avião rumo à visão de futuro da empresa. Digo isso também como observador e consultor de empresas há 25 anos. Conheço em detalhes as angústias, desafios e ambições dos profissionais de RH que passaram pela Ornellas Consultoria em busca de desenvolvimento e inspiração para enfrentar o futuro. Expresso, ainda, o que ouvi de um grupo de 15 *heads* de RH, que generosamente compartilharam sua visão da área e das organizações para o mestrado de Biologia-Cultural que concluí na Universidad Mayor e na Escuela Matríztica, sob a orientação do neurobiólogo e criador da Teoria da Autopoiese, Humberto Maturana, no Chile.

Não acredito na falência do RH, e sim na falência da insistência em encaixar os desafios atuais em moldes obsoletos. A fragmentação que caracteriza os nossos tempos parece indicar que a tirania das soluções únicas para todos (*one size fits all*) ficou para trás. Tenho certeza de que o momento nos convida a um trabalho de artesão, no qual cada um de nós precisa tecer a solução que melhor se adapta ao seu contexto. A nova fronteira do RH tem traços tão visíveis quanto a linha do Equador e o Meridiano de Greenwich.

Para recuperar o protagonismo, o profissional de RH precisa:

(1). dar um salto qualitativo, que tira realmente proveito da revolução tecnológica, integra sistemas e entrega a gestão da informação ao verdadeiro dono. Em várias empresas, as pessoas são, hoje, responsáveis por suas carreiras, seu desenvolvimento, suas escolhas e suas metas. Aos líderes cabe motivar e fomentar esse crescimento do capital humano. É natural que, dentro desse cenário de autonomia, o RH contribua com o desenho de programas que promovam a igualdade, que facilitem a interação, dentre outras inovações em práticas de gestão de pessoas.

(2). dar um salto quântico, apoiado na figura do **designer organizacional**, que se utiliza de um novo jeito de pensar e abordar os problemas e cenários. Esse profissional usa as ferramentas do design para construir projetos centrados nas pessoas. Assim como o negócio tem o desafio de criar experiência para os consumidores e clientes, o RH assume a incumbência de tornar essa jornada colaborativa mais robusta e coerente. Nessa posição, a área torna-se, finalmente, estratégica ao pensar de fora para dentro, alimentando um ciclo que se completa de dentro para fora.

É um desafio e tanto, eu sei. Só que ingressar nessa montanha-russa trará mais realização, pessoal e coletiva, que se manter no papel de equilibrista. É a chance de construir o futuro – o seu, o da área, o da empresa e, por que não?, do mundo. E é esse o convite que faço aos leitores neste livro.

NÃO SÓ HUMANO, NEM SÓ DIGITAL

Como mostrado no capítulo anterior, o capitalismo baseado na apropriação, na competição, no lucro e nos resultados de curto prazo dá sinais de declínio e decadência. Há evidências claras da falência do atual modelo de governança e, portanto, da necessidade de grandes e significativas mudanças no modelo de gestão dos negócios.

Já sabemos que essa transformação não acontece sem que a área de RH participe ativamente como agente de mudança e como cocriadora de uma cultura e de valores que suportem a visão de futuro da organização. Um bom exemplo disso é que o Uber, fruto dessa era de disrupção, viu seu negócio de US$ 20 bilhões em viagens ser colocado em xeque por denúncias e acusações que vão de assédio sexual a um programa de computador para enganar autoridades. Seu fundador foi afastado das atividades sob críticas de ter criado uma cultura completamente tóxica. Um plano de contingência, de pelo menos 13 páginas, foi criado por uma consultoria que promete ajudar os clientes a navegar pelos problemas complexos de negócios, acordos e disputas. Para o Uber, a Convigton & Burling recomendou ações voltadas para o aperfeiçoamento da cultura e para a promoção da equidade e da autorresponsabilidade, além de estabelecer processos e sistemas que evitem os erros do passado.

Liderado por pessoas e feito para pessoas, o RH sempre foi muito sensível às mudanças. Sua evolução foi natural e relativamente tranquila, considerando a transformação que está sendo exigida hoje. Em *Um Novo RH?*, os professores Roberto Coda, Ana Maria Cesar e Mauro Neves Garcia explicam que o movimento refletiu as "mudanças do mercado de trabalho e das rupturas verificadas no pensamento relacionado às estratégias de negócios, notadamente na discussão que se fez relacionada à competitividade e ao desenvolvimento de competências essenciais para o negócio".

Gosto de observar essa evolução sob três óticas:

(1) Das transformações sociais e ambientais vividas pelo homem, de acordo com a visão do biólogo Humberto Maturana e da orientadora em relações humanas e familiares Ximena Dávila Yánez, meus mentores no mestrado em Biologia-Cultural.

(2) Do desenvolvimento da função de RH, respondendo ao cenário criado pelas revoluções industriais promovidas pelo homem;

(3) De uma visão crítica do conceito de Business Partner, criado por Dave Ulrich, referência mundial em gestão.

O HOMEM EM TRANSFORMAÇÃO

Se vamos falar de pessoas, precisamos começar indubitavelmente por nossas raízes culturais. Fundadores da Matríztica, Humberto Maturana e Ximena Dávila Yánez são grandes estudiosos da convivência humana. Entendem a cultura de uma civilização como uma rede fechada de conversações que constitui e condiciona sua maneira de viver. Manifesta-se nos comportamentos e na linguagem utilizada pelo grupo. Uma mudança cultural pressupõe, na visão do biólogo chileno, "uma alteração na configuração do atuar e do emocionar" dos seus membros. Ao longo da história, o *Homo Sapiens* transformou sua cultura inúmeras vezes, e o que vivemos hoje é justamente mais um período de travessia.

Para Maturana, a cultura moderna, na qual vive hoje grande parte da humanidade, é patriarcal. Seus traços estão explícitos na valorização da guerra, da competição, da luta, das hierarquias, da autoridade, do poder, da procriação, do crescimento, da apropriação dos mais variados recursos, da justificação racional do controle, e da dominação dos outros pela apropriação da verdade. Um dos efeitos dessa cultura patriarcal é a vida centrada em exigências de trabalho, de êxito, de produção e de eficácia. Outro claro sintoma é a divisão de gênero: cabe aos meninos um papel competitivo e dominador, enquanto as meninas devem ser serviçais e submissas. Essa cisão ocorre já na escola e se estende para o mercado de trabalho, onde suas consequências tornam-se mais visíveis.

Embora o nível de instrução das mulheres no Brasil seja superior ao dos homens, a criação de vagas de trabalho e os salários continuam beneficiando mais a força de trabalho masculina do que a feminina. Enquanto as mulheres perderam mais de 11 mil vagas no primeiro semestre de 2017, os homens conseguiram conquistar 46 mil posições, segundo o Caged, sistema do Ministério do Trabalho. O monitoramento do próprio governo mostra que os salários de contratação das mulheres são, pelo menos, 10% mais baixos que o dos homens. Esse *gap* também se observa no topo das organizações, tanto no que diz respeito ao número de mulheres em posição de liderança quanto na remuneração delas em relação a seus pares.

Não é exagero dizer, portanto, que o ambiente organizacional é fortemente influenciado pela cultura patriarcal. Esse modelo de pensamento, que valoriza a competição, o abuso de poder e o crescimento pela extinção do outro é a pólvora do colapso empresarial. As companhias ainda estão estruturadas segundo o velho paradigma de comando e controle.

A boa notícia é que, contrariando o *status quo*, há vestígios cada vez mais nítidos de outra cultura, que nasceu na Europa Ocidental e não foi completamente extinta pelo patriarcado. Maturana e Yánez a chamam de Matrística. Ela fomenta relações baseadas no respeito, na aceitação mútua, na preocupação com o bem-estar do outro, na colaboração e no compartilhamento. A cultura Matrística manifesta-se hoje, principalmente, no pensamento moderno de participação a partir da inclusão, da colaboração, do respeito e da compreensão.

Não duvido que essas palavras tenham ressoado forte em você. Elas começam a pipocar com cada vez mais frequência na imprensa e nas redes sociais, além de invadir timidamente o vocabulário corporativo. São os indícios de que essa cultura também nos pertence, apesar de nossa sobrevivência se manter ainda baseada na competição. Estou certo de que essas palavras manifestam nosso desejo humano de relações de mútua cooperação e de uma convivência social mais democrática. Falamos hoje de respeito, transparência, verdade, amor, ética e consumo consciente, dentro e fora das corporações, em um claro sinal de que há uma reflexão em curso e uma oportunidade cada vez mais concreta de mudança.

A HISTÓRIA PSÍQUICA DA HUMANIDADE

No livro *Habitar Humano*, Maturana e Yánez desembaraçam a evolução humana e jogam luz à travessia que enfrentamos.

> *As diferentes eras psíquicas da humanidade correspondem, segundo nosso pensar, à dinâmica histórica de transformação integral da psique humana, desde sua concepção, passando pela infância, pela juventude, pela condição adulta e pela maturidade reflexiva, que configura em cada instante nelas o como se vive, para onde se orienta e como se entende a natureza e o sentido do humano em sua pertença à biosfera.*

Estamos no limiar da era pós-moderna com a pós-pós-moderna, que se caracteriza justamente pelo surgimento da reflexão e de uma ação ética consciente, que abre espaço para grandes oportunidades.

Inserir o conviver relacional em uma discussão sobre o **futuro do RH** justifica-se pelo número crescente de pessoas que acredita, busca e investe em organizações sustentadas por uma cultura que, de fato, valoriza a participação, a confiança, a cooperação, a verdade e a transparência. São corporações com pensamento sistêmico, que abraçam a **diversidade**, a **complexidade** e a **imprevisibilidade**.

A seguir, procurei sintetizar as eras psíquicas, segundo Maturana e Yánez.

ERA ARCAICA

Características: é a origem do humano, da família, do prazer da intimidade da convivência e do bem-estar psíquico-corporal-relacional. O Amor é a fonte do viver humano. A linguagem surge como instrumento de relacionamento, conservação e sobrevivência.

Ponto de conflito: a busca por argumentos racionais para o existir. Pouco a pouco, a espontaneidade advinda do Amor dá lugar a uma ordem divina intrínseca na natureza.

ERA MATRÍSTICA

Características: centrada na visão do Cosmos que acolhe, contém e nutre. A existência do Homem em sintonia com o mundo natural. O Amor, antes fonte, torna-se um desejo para a convivência. Colaboração e compartilhamento são práticas dos pequenos grupos.

Ponto de conflito: a desconfiança do mundo divino-natural. As diferenças tornam-se motivo de discriminação e justificativa para medidas de controle. Com o fim da Era Matrística, a mulher aparece subordinada aos desígnios do homem.

ERA PSÍQUICA DO APODERAMENTO OU APROPRIAÇÃO

Características: é a origem do patriarcado e de uma cultura que manipula a verdade e venera a autoridade. Em contraste com as eras anteriores, o comportamento dominante é o apego ao acúmulo e à posse, sem se importar com os outros.

Ponto de conflito: junto com a insegurança e o medo, surge a noção de um mundo mais amplo do que o da própria localidade e a emoção advinda do desejo de poder.

ERA PSÍQUICA MODERNA

Características: berço do capitalismo, esta era caracteriza-se pelo domínio da autoridade e alienação no poder e no lucro. Conhecimento, ciência e tecnologia tornam-se o tripé para conquistar o bem-estar e dominar o mundo natural.

Ponto de conflito: a compreensão perde definitivamente espaço para a razão e as teorias dominam o viver humano. Relacionamentos são desumanizados pela cultura de luta de verdades.

ERA PSÍQUICA PÓS-MODERNA

Características: dominação cultural da ciência, da tecnologia e do dinheiro. É a era da cegueira, quando se promove a certeza de que "podemos fazer tudo o que imaginamos ser possível se operamos com as coerências do mundo que conhecemos". Entregamos a cientistas, políticos e empresários o poder da onipotência, confiando a eles até mesmo a nossa capacidade de realizar.

Surgimento da dor e do sofrimento pela manipulação, pela desonestidade pelo desrespeito por si e pelo outro.

Ponto de conflito: da dor da miopia provocada pela contínua negação do humano renasce uma reflexão sobre o próprio viver e sobre os caminhos para se recuperar o respeito. Cresce a hegemonia, a crença da verdade única, o fanatismo e a alienação ideológica em nome do progresso.

ERA PSÍQUICA PÓS-PÓS-MODERNA

Características: ampliação da consciência sobre o que se faz, como se faz e os resultados alcançados. Oportunidade para a mudança e para retomar uma cultura de bem-estar e de harmonia entre a biosfera e a antroposfera, a partir do Amor, o principal fundamento psíquico humano.

Ponto de conflito: abandono do apego ao valor e às certezas que negam a autonomia reflexiva e de ação próprias do nosso Ser.

Fonte: Habitar Humano, *Ximena Dávila Yanez & Humberto Maturana Romesín*

A partir das ideias dos fundadores do Instituto Matríztico, quero propor um exercício para você: observe os relacionamentos e os símbolos da empresa em que trabalha. Amplie sua reflexão para as companhias em que seus amigos estão e também para aquelas que você admira. Repare bem e responda:

- Que elementos elas carregam de cada era psíquica?
- O ambiente de trabalho reflete realmente a identidade da empresa?

• Elas dão espaço para que os funcionários se comportem como são?

• Como se desenvolvem as relações interpessoais, seja entre chefe e subordinado, entre os departamentos, com os fornecedores e com os clientes?

• Há harmonia entre o propósito e os valores declarados pela empresa e a experiência vivida pelos stakeholders?

Em poucos minutos, você provavelmente chegará à mesma conclusão que a minha: ainda há o predomínio da hierarquia e da subjugação, que propagam medo e insegurança. Em nossas organizações, ainda se cultua a manipulação, a competição e o desrespeito por si e pelo outro. As empresas estão doentes, assim como o sistema da qual fazem parte. É isso que um observador mais atento encontra nos corredores das corporações, inclusive daquelas cobertas pelo verniz da modernidade.

Os modelos atuais de organizações, e consequentemente das áreas de RH, promovem práticas que administram prêmios e castigos, valorizam argumentos racionais e definem condutas que limitam a criatividade de seus colaboradores. Consciente ou inconscientemente, criam-se políticas e práticas que reduzem os seres humanos a máquinas de uma linha de produção, com um trabalho específico e um rendimento predeterminado, submetidos a regras precisas e a uma relação de autoridade. Tornam-se, definitiva e exclusivamente, um recurso: o humano. São esses os frutos colhidos por uma crença em um capitalismo a qualquer preço, obcecado pela dominação da natureza, pela hegemonia da liderança, pela fé na verdade única e pelo distanciamento do humano.

Em muitas companhias, a falta de autonomia e de harmonia entre as pessoas aniquila a capacidade de criar vínculos, de pensar, de desejar, de refletir e de agir. Prega-se a inovação, mas o oxigênio é racionado. Promove-se uma alienação ideológica que impede líderes e times de se libertar da esquizofrenia que se tornou o mundo corporativo. Assim, a realização dá lugar à ordem em nome de um utópico progresso. É dentro desse contexto que se declara o fim da liderança. É dentro desse contexto que se anuncia antecipadamente a morte de uma empresa. Qualquer semelhança com a realidade não é mera coincidência. Nossas empresas estão desumanizadas.

AS REVOLUÇÕES INDUSTRIAIS

Fundador do Fórum Econômico Mundial, Klaus Schwab defende que vivemos um período sem precedentes na história humana e, dependendo da nossa reação, podemos acelerar ou atravancar nosso desenvolvimento. Ele repetiu o alerta em *A Quarta Revolução Industrial*:

A minha preocupação, no entanto, é que os tomadores de decisão costumam ser levados pelo pensamento tradicional linear (e sem ruptura) ou costumam estar muito absorvidos por preocupações imediatas; e, portanto, não conseguem pensar de forma estratégica sobre as forças de ruptura e inovação que moldam nosso futuro.

O engenheiro e economista alemão mostra-se confiante de que a tecnologia, a amplitude e a profundidade da revolução digital, além do impacto sistêmico são os principais indicativos de que o momento em que vivemos não é um simples desdobramento da Terceira Revolução Industrial, como acadêmicos e outros especialistas defendem.

A ilustração abaixo serve para refrescar sua memória em relação às revoluções promovidas pelo homem:

1ª Revolução Industrial
- Entre 1760 e 1840
- Construção das ferrovias e produção mecânica
- Símbolo: máquina a vapor

2ª Revolução Industrial
- Fim do século XIX até meados do século XX
- Advento da eletricidade e da linha de montagem
- Produção em massa

3ª Revolução Industrial
- Década de 1990
- Revolução digital ou do computador
- Surgimento dos semicondutores, da computação em mainframe, da computação pessoal e da internet

4ª Revolução Industrial
- Baseada em sistemas ciberfísicos
- Internet das Coisas, Inteligência Artificial e aprendizagem automática

Fonte: A Quarta Revolução Industrial, Klaus Schwab

As Revoluções Industriais deram início à migração da mão de obra do campo para os centros onde estavam localizadas as fábricas. O historiador Sanford M. Jacoby conta em *Employing Bureaucracy Managers, Unions, and the Transformation of Work in the 20th Century* (em tradução livre "Empregando Gerentes Burocráticos, Sindicatos e a Transformação do Trabalho no Século XX"), que, quando as primeiras unidades fabris surgiram no século XIX, os departamentos eram gerenciados por capatazes com autoridade total para contratar, remunerar, pagar, demitir e supervisionar o trabalho, além de decidir sobre os processos de produção. Sob pressão da alta administração por custos baixos e aumento de produtividade, não é difícil imaginar o tipo de relacionamento estabelecido com os trabalhadores. Os sindicatos surgiram como uma reação a esse exercício arbitrário e subjetivo de poder e, com eles, as greves, as negociações contratuais, as escalas de salários, entre outras restrições para melhorar as condições de trabalho.

Com o tempo, as organizações cresceram: as máquinas começaram a substituir os humanos e a acelerar os processos de produção. A complexidade das empresas também aumentou, obrigando as corporações a contratar engenheiros para solucionar os problemas, por meio de métodos de organização e administração, como controles, contabilidade de custos, coordenação de unidades de produção. Criou-se também o Departamento de Pessoal, no afã de ordenar registros e toda a rotina da função. Não houve, na época, qualquer manifestação no conteúdo de administração de pessoal, isto é, recrutar, promover e demitir.

O pai da **Administração Científica**, F.W. Taylor foi a figura mais notável dos métodos científicos voltados para o gerenciamento do trabalho no início do século XX. Suas ideias para otimização dos processos de trabalho colocaram o homem como uma variável, muitas vezes inapta, preguiçosa e dependente da organização. Logo, a função da área de RH nessa **primeira fase** limitou-se a confirmar o poder absoluto da organização sobre o indivíduo e assegurar o respeito à hierarquia, às regras formais e ao lucro. Junto com

Henry Fayol, autor da Teoria da Administração (1916), e Henry Ford, com a linha de montagem, Taylor formou a chamada Escola Clássica da Administração.

A ruptura se deu com a **Teoria das Relações Humanas**, de Mary Parker Follett e Elton Mayo, considerados os "psicólogos das organizações". Nesta **segunda fase**, o fator humano começou a ganhar importância ao ser colocado como objeto de estudo. A famosa Experiência Hawthorne, realizada entre 1924 e 1932, mostrou o impacto da estrutura informal e da relação entre satisfação e produtividade. Outras condições também foram avaliadas, chamando a atenção para o impacto do fator psicológico na produtividade. Logo, as experiências de Mayo trouxeram o homem para o centro da discussão em administração. Outros expoentes surgiram ao longo do tempo, como Abraham Maslow, autor da Teoria da Motivação (1943) e da Introdução à Psicologia do Ser (1962).

Ainda nessa fase, tem início um trabalho voltado para o bem-estar, cuja principal finalidade era solucionar o conflito capital-trabalho. Buscava-se criar uma parceria mais harmoniosa e reproduzir vínculos pessoais e afetivos em um ambiente de trabalho que havia se tornado impessoal com o crescimento das empresas. Autora de *The Corporation as Family: The Gendering of Corporate Welfare* (em tradução livre "A Corporação como Família: o Gênero do Bem-estar Corporativo"), Nikki Mandell relaciona os programas, geralmente focados em saúde e segurança, a uma crença de que em empresa menores, nas quais o dono conhece todos pelo nome, as relações de trabalho eram menos conflituosas e, consequentemente, era mais fácil evitar greves e aumentar a produção. Esse modelo esvaziou-se por volta de 1920, mas a atividade passou a ser conduzida pelo famoso DP.

A **Gestão dos Recursos Humanos** apareceu em uma **terceira fase,** com a ascensão da Teoria X e Y (1962), centrada em dois conjuntos de crenças sobre a natureza humana e o trabalho. De acordo com seu criador, o psicólogo social americano Douglas McGregor, a Teoria X representava o tradicional pensamento da coerção psicológica, escorado "na premissa da mediocridade da massa". Considerava os empregados inerentemente preguiçosos e, por isso, seria necessário supervisioná-los e motivá-los. O trabalho era visto como um mal necessário para conseguir dinheiro. No outro extremo, a Teoria Y baseava-se no princípio de que as pessoas querem e precisam trabalhar e que cabe à organização desenvolver o compromisso de cada indivíduo e alinhar suas habilidades para alcançar tais metas. Essa teoria lançou os fundamentos da gestão participativa.

O conceito de **desenvolvimento dos recursos humanos** só veio realmente a se fortalecer em uma **quarta fase**, cuja teoria de referência foi uma evolução das anteriores. Frederick Herzberg, autor da Teoria de Higiene-Motivação (1959) e William Blake e Jane Mouton, responsáveis pelo Grid Gerencial (1989), baseado na Teoria Y, foram os principais expoentes. A motivação saltou do *job context* para o *job content*, isto é, do contexto para o conteúdo, tirando o foco das condições e das relações humanas para discutir desenvolvimento profissional. O homem foi colocado no centro da organização e, pela primeira vez, o pensamento abrangeu a eficácia e não só a eficiência.

É importante ressaltar que, rigorosamente, a terceira e a quarta fase se confundem, pois há a dominância da psicologia humanística, que veio confrontar a teoria behaviorista preponderante nesse período.

A **quinta fase** abriu-se com estudos da chamada **escola sistêmica**, influenciada pelos trabalhos de Eric L. Trist (Sociotécnica, 1951), Daniel Katz e Robert L. Khan (Sistemas Abertos, 1966), Igor Ansoff (Administração Estratégica, 1990) e Paul Lawrence e Jay W. Lorsch (Teoria da Contingência, 1969). As políticas e práticas de RH tornaram-se a base de sustentação, em um processo contínuo e planejado para garantir a eficácia das organizações. Foi ressaltada também a importância dos desenhos organizacionais mais horizontais para facilitar a comunicação e o engajamento.

A **Gestão do Conhecimento** tornou-se foco de uma **sexta fase**, que trabalhou teorias ligadas à escola da aprendizagem organizacional. A expressão foi cunhada por Peter Senge, um dos maiores pensadores em gestão e professor do Massachussets Institute of Technology (MIT). O autor do livro *A Quinta Disciplina* defende que o todo só existe com a soma e a integração de todas as partes.

> *Por exemplo, a visão sem o pensamento sistêmico acaba projetando lindos quadros do futuro, sem uma compreensão profunda das forças que precisam ser dominadas para que possamos andar daqui para lá.*

Note que a capacidade de aprender coletivamente torna-se ainda mais relevante em um ambiente complexo como o que vivemos, com excesso de informação e dificuldade para atrair e reter talentos. Nas chamadas *learning organizations*, fomentou-se os programas de melhoria contínua e a inovação como parte fundamental da estratégia de sobrevivência. Nesse cenário, coube ao gestor de RH o papel de não só desenvolver a competência da empresa nos indivíduos, além da cultura e dos valores por meio das Universidades Corporativas, mas também de começar a desenhar modelos organizacionais em rede para dar mais flexibilidade às organizações mais horizontais, facilitando a comunicação e o engajamento.

OS MÚLTIPLOS PAPÉIS DE RH, POR DAVE ULRICH

Você deve estar se perguntando: e onde entra o Agente de Mudanças, o Consultor Interno ou o Business Partner?

Popular, este conceito nasceu na quinta fase e se fortaleceu na seguinte. Foi criado nos anos 1990 por Dave Ulrich, eleito um dos dez melhores educadores do mundo em disciplinas gerenciais e o melhor quando o assunto é Recursos Humanos. Em seu livro *Os Campeões de RH* (1999), ele afirma que, se as estratégias futuras para a criação de valor devem vir desta área, novos papéis terão de ser definidos para os profissionais de RH. Isso implica, entre outros pontos, promover uma transição do:

- operacional para o estratégico,
- quantitativo para o qualitativo,
- policiamento para a parceria,
- curto prazo para o longo prazo,
- administrativo para o consultivo,
- voltado à função para o voltado ao negócio,

- foco interno para o foco externo e concentrado no cliente,
- reativo para o preventivo,
- foco na atividade para o foco nas soluções.

O objetivo de Ulrich era claro: aproximar os profissionais de RH do negócio e torná-los parceiros estratégicos. Além de aumentar o escopo de atuação, até então restrito ao controle operacional, os executivos de RH deveriam assumir responsabilidade tanto por metas qualitativas quanto quantitativas em curto e longo prazo. Para adicionar valor a empresas cada vez mais complexas, eles precisariam desempenhar papéis também mais complexos e, às vezes, paradoxais. Assim nasceu o modelo de múltiplos papéis, que originou o conceito de consultor interno ou Business Partner. Para entendê-lo melhor, é preciso considerar três pontos:

(1). os resultados a serem atingidos em cada papel;

(2). a metáfora característica ou imagem visual que acompanha cada função

(3). as atividades que o profissional de RH deveria executar para tanto.

Há mais de duas décadas apoiando as companhias no desenvolvimento de profissionais e de lideranças, posso afirmar com tranquilidade que a maior parte das áreas de RH se mantém focada nos papéis operacionais, isto é, na Administração da Contribuição dos Funcionários e na Infraestrutura da Empresa.

Se observar melhor, notará que essas funções estão diretamente ligadas aos primórdios da Revolução Industrial e às primeiras teorias organizacionais. O que aconteceu?

O quadro abaixo resume melhor o escopo do chamado Business Partner:

OS MULTIPLOS PAPÉIS DE RH

Papel/Função	Resultado	Metáfora	Atividade
Administração de Estratégia de Recursos Humanos	Execução da estratégia	Parceiro Estratégico	Ajuste das estratégias de RH à estratégia empresarial: diagnóstico organizacional
Administração da Transformação e da Mudança	Criação de uma organização renovada	Agente da Mudança	Gerir transformação e a mudança: assegurar capacidade para mudança
Administração da Contribuição dos Funcionários	Aumento do envolvimento e capacidade dos funcionários	Defensor dos Funcionários	Ouvir e responder aos funcionários: prover recursos aos funcionários
Administração da Infraestrutura da Empresa	Construção de uma infraestrutura eficiente	Especialista Administrativo	Reengenharia dos Processos de Organização: serviços em comum

Fonte: Versão Detalhada – Múltiplos Papéis de Recursos Humanos. David Ulrich (1999)

Em muitas empresas, a revolução digital serviu somente para informatizar os processos, em clara divergência com o potencial tecnológico de impulsionar vidas e negócios. A tomada de decisão, em vez de mais ágil, tornou-se mais difícil, uma vez que dentro de um único departamento sistemas e pessoas estão completamente desintegrados. A adoção da tecnologia não trouxe a visão do todo, tampouco uma poderosa arma contra a burocracia e a ineficiência.

O colaborador, que tem o mundo a um toque no smartphone que carrega em seu bolso, continua sendo tratado como um "recurso" na maioria das empresas. Ele clama por autonomia e flexibilidade, mas se vê enquadrado em políticas e regras obsoletas que só existem para confirmar o poder absoluto da organização sobre o indivíduo. Servem para lembrar o colaborador de que ele é um número, acima de tudo, ali dentro.

Dentro desse contexto, provoco:

(1). Como desenvolver um olhar estratégico no RH quando ainda se investe tempo tentando extrair e entender dados?

(2). Como se tornar um parceiro estratégico quando não se tem um olhar crítico de seu próprio terreno?

(3). Como ser um agente de mudança quando se protela o futuro?

Ulrich estava certo ao entender que o domínio dos quatro papéis seria o oásis para o RH. Só que isso não se concretizou. E você já deve ter percebido que nem sentido faz mais.

A NOVA GERAÇÃO DE RH

O modelo dos múltiplos papéis de RH foi desenvolvido no fim da década de 1990. O mundo era bem diferente: temia-se o bug do milênio, as redes sociais engatinhavam; a bolha criada pelas empresas *ponto.com* não tinha estourado; a informação não era democratizada. Ulrich não comeu bola. O que nem ele nem ninguém imaginou foi a velocidade das transformações provocadas pela revolução digital, em um ritmo exponencial. Era simplesmente inconcebível uma história com tantos personagens e curvas dramáticas.

Assim como as empresas, nosso sistema educacional também não assimilou tantas reviravoltas e, por isso, patina na formação dos novos heróis. Quando eu olho para meus netos, eu me pergunto se a escola os prepara para esse futuro. Será que ela lapida as habilidades únicas do ser ou tenta moldá-los pelo padrão definido como adequado pela sociedade atual? Fomenta o criar, o pensar e o sentir ou propaga fórmulas prontas para a solução de problemas recorrentes? Prepara-os para o mundo como é hoje ou para uma realidade em constante e profunda transformação? Afinal, entre as poucas certezas que temos está a de que o mundo em dez anos será bem diferente do atual.

Para o RH, o pulo do gato está na integração da atuação voltada para a Administração das Estratégias com a Gestão da Transformação e da Mudança. É na proatividade desses papéis, com abordagens mais estratégicas e voltadas para o longo prazo, que o RH pode apoiar e implementar práticas compatíveis com os valores da cultura Matrística, em uma era pós-pós-moderna.

Este movimento já está em curso e coloca em sintonia as competências únicas do ser humano com os benefícios da tecnologia para alcançar resultados exponenciais para todos os stakeholders. E é por isso que uma nova identidade para o RH se faz necessária.

Neste mundo complexo e caótico, as empresas precisam de um **designer organizacional**. Sensível ao seu entorno, esse profissional coloca o indivíduo como protagonista da história – e não mais como objeto. Ele se preocupa com as experiências vividas e usa, finalmente, a tecnologia como sua aliada. É assim que o RH contribuirá para a prosperidade organizacional: com um pé no presente e outro no futuro. Por mais incerto que ele seja.

Seja bem-vindo à **sétima fase** do RH.

O DESIGNER ORGANIZACIONAL

Quero começar esse capítulo pedindo para você não se assustar com a palavra designer. Minha proposta não é torná-lo um especialista em design, mas despertar um olhar diferente para os ambientes e relacionamentos ao seu redor.

Peço também que não reduza o Design àquele objeto esteticamente perfeito e, às vezes, incompreensível. Acontece que, desde a Revolução Industrial, o Design também passou por várias transformações e, no afã de se reinventar ou resgatar sua verdadeira essência, despiu-se de máscaras e certezas para entender seu papel no mundo.

Para começarmos essa conversa, trago uma definição criada pelo escritor, professor e historiador de arte, Rafael Cardoso, no livro *Design para um Mundo Complexo*.

> *Em seu sentido mais elevado e ambicioso, o design pode ser concebido como um campo ampliado que se abre para diversas outras áreas, algumas mais*

 próximas, outras mais distantes. Nesse sentido, o designer pode sim ser artista, ou artesão, arquiteto, engenheiro, estilista, marqueteiro, publicitário ou uma infinidade de outras coisas. A grande importância do design reside, hoje, precisamente em sua capacidade de construir pontes e forjar relações num mundo esfacelado pela especialização e fragmentação de saberes.

Na correria para equilibrar os múltiplos papéis e se adequar às regras e políticas vigentes, os profissionais (não só de RH) deixaram de lado seu potencial criativo, que é instigado pelo novo e é capaz de gerar conexões e soluções significativas – para a empresa e para o indivíduo.

É essa redescoberta que tenho acompanhado desde a década de 1990, quando me propus a despertar essa criatividade adormecida nos Cursos de Formação de Consultores. Ao longo dos anos, a Ornellas Consultoria desenhou diversas dinâmicas para exercitar os atrofiados músculos da imaginação e da inovação dos profissionais de RH. Usamos desde abordagens mais racionais e sistemáticas, ao lado da especialista em Criatividade e Inovação Gisela Kassoy, até metáforas do circo e do teatro, liderados pelo consultor, ator e diretor José Netho.

Foi inevitável que essas primeiras experiências dessem lugar ao Design Thinking. Virou, por exemplo, disciplina no MBA em Consultoria e Desenvolvimento Organizacional, realizado entre 2011 e 2012. Nessa mesma época, Inhotim, o maior museu a céu aberto do mundo, foi cenário para um treinamento que ajudei a conduzir para uma montadora mineira. Pelo ambiente, você já pode imaginar que a ideia era tirar completamente o time de executivos de seu habitat natural. Em uma cocriação com a brilhante Denise Eler, o workshop inspirou-se no livro *As 10 faces da inovação, de Tom Kelley*, da IDEO, para promover e fomentar a inovação, a partir do (re)conhecimento de máscaras que ajudam a transfigurar ideias, processos, produtos e serviços.

AS DEZ FACES DA INOVAÇÃO

ANTROPÓLOGO Curioso, aberto para o novo, intuitivo	**EXPERIMENTADOR** Explora protótipos e modelos. Aprendiz apaixonado	**POLINIZADOR** Promove a diversidade, desenha práticas
COLABORADOR Fomenta a coesão do grupo	**CENÓGRAFO** Cria o ambiente harmônico e coerente	**CUIDADOR** Zela pelas pessoas, com competência e confiança

SALTADOR DE OBSTÁCULOS Determinado, supera barreiras, mais com menos	**DIRETOR** Planejamento e convocação do time
ARQUITETO DE EXPERIÊNCIAS Projeta as vivências com originalidade e criatividade	**CONTADOR DE HISTÓRIAS** Dá significado às experiências em suas narrativas

Fonte: As 10 faces da inovação, Tom Kelley

A inovação por Design Thinking tornou-se também o foco de um Programa de Desenvolvimento de Lideranças, aplicado em uma empresa de telefonia celular. A sincronicidade era perfeita: a empresa tinha em seus valores inovação e a Ornellas Consultoria colocou em cena uma metodologia que ganhava massa crítica no mundo todo por promover experiência e soluções criativas e simples.

Desde então, aprofundei-me, estudei e pratiquei o tema. Acompanhei e cofacilitei várias turmas do

Programa de Inovação para Líderes e, por isso, posso afirmar com muita tranquilidade que o Design Thinking provoca uma verdadeira transformação nas pessoas e nos negócios. Prepare-se para uma ruptura brusca em seu *mindset*, que se tornará mais crítico e incômodo, ousado e delicado, leve e profundo, criativo e simples. Minha ambição é que ele o ajude a desenhar novas oportunidades para o seu trabalho, mas é bem capaz que você o tome para a vida.

A ENCRUZILHADA

É quase unânime a visão sobre a falência do modelo atual, sustentado por instrumentos incapazes de responder aos desafios da organização de hoje, quiçá a do futuro. As demandas desse mundo complexo colocam diariamente o profissional de RH diante de uma encruzilhada:

(1). Manter-se na velha estrada, às custas de muito suor, frustrações e reclamações. Aqui as demandas são gerenciadas de acordo com sistemas e programas já validados, com pouco espaço para o novo, o diferente e o único. O profissional veste a camisa da empresa e torce pelo melhor, convencido de que esse terreno mais povoado é também o mais seguro.

(2). Partir para o novo e ter a coragem de desbravar horizontes. Aqui você é o subversor ou o divergente positivo. É aquele profissional que, sem garantia alguma de sucesso, cria oportunidades de se reinventar, de conectar pessoas e propósitos, de testar políticas e práticas e de liderar a mudança para um modelo de governança mais eficiente e autêntico. É a chance de, como diz Sara Parkin, ser a "pessoa que faz as coisas certas em prol da sustentabilidade, a despeito de estar rodeado por estruturas institucionais erradas, processos equivocados e pessoas teimosamente não cooperativas".

Se você se mantém em dúvida sobre qual caminho seguir, saiba que seus dias de escolha estão contados. Se você não se mover, será movido ou tirado da estrada. E sabe por quê?

O mundo não espera sua decisão. Um forte movimento já está em curso. De acordo com o estudo global de tendências em talentos da Mercer, 93% dos executivos de negócios planejam fazer mudanças estruturais em suas empresas nos próximos dois anos. Os vetores dessa mudança são desejo por mais eficiência mais agilidade, intimidade com o cliente, redução de custos e inovação.

Pergunta: você quer participar ou assistir essa mudança?

O Fórum Econômico Mundial reuniu diretores de RH das maiores companhias de dez indústrias, de 15 países, e tirou, mais do que insights, algumas conclusões. Uma delas é a de que a principal habilidade de pelo menos um terço (36%) de todos os trabalhos, con-

DEMANDA POR HABILIDADES EM 2020

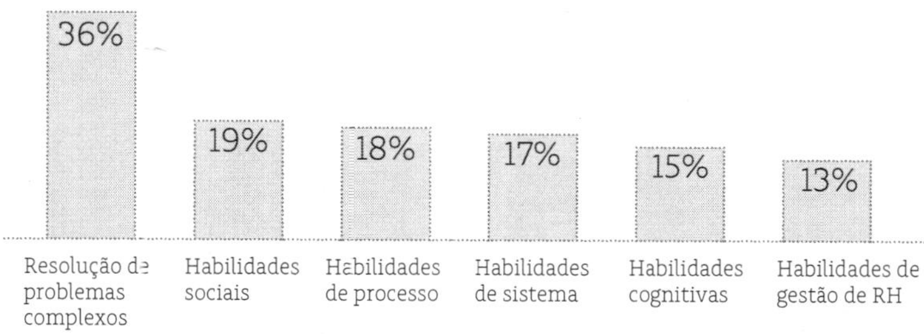

Fonte: Future of Jobs Report, Fórum Econômico Mundial

64 HABILIDADES BÁSICAS RELACIONADAS AO TRABALHO

Habilidades	Competências básicas
Habilidades cognitivas Flexibilidade cognitiva, criatividade, raciocínio lógico, sensibilidade pelo problema, raciocínio matemático, visualização	**Competências de conteúdo** Aprendizado ativo, expressão oral, interpretação de leitura, expressão escrita, nível de escolaridade
Habilidades físicas Força física, destreza manual e precisão	**Competências de processo** Escuta ativa, pensamento crítico, autoconhecimento e dos outros

Competências entre funções	
Competências sociais Coordenação com os outros, inteligência emocional, negociação, persuasão, orientação ao serviço, treinamento e capacidade de ensinar os outros	**Competências de gestão de recursos** Gestão de recursos financeiros, de recursos materiais, de pessoas e de tempo
Competências de sistemas Julgamento e tomada de decisão, análise dos sistemas	**Competências técnicas** Manutenção e reparo de equipamentos, operação e controle de equipamentos, programação, controle de qualidade, desenho da experiência de tecnologia e do usuário, solução de problemas
Competências para solucionar problemas complexos Capacidade de resolver problemas complexos	

Fonte: Future of Jobs Report, Fórum Econômico Mundial

siderando todas as indústrias, será a resolução de problemas complexos. Usei o verbo no futuro, mas esse futuro está mais próximo do que você imagina: 2020.

Ainda de acordo com o estudo **Future of Jobs** ("O Futuro do Trabalho", em tradução livre), mais de 50% dos principais executivos de RH não sentem confiança nas estratégias adotadas até o momento. O campo visual na velha estrada é míope e torna quase impossível entender as nuances desse mundo disruptivo e caótico.

IMPORTÂNCIA DAS BARREIRAS PARA A MUDANÇA, NA INDÚSTRIA ACIMA DE TUDO

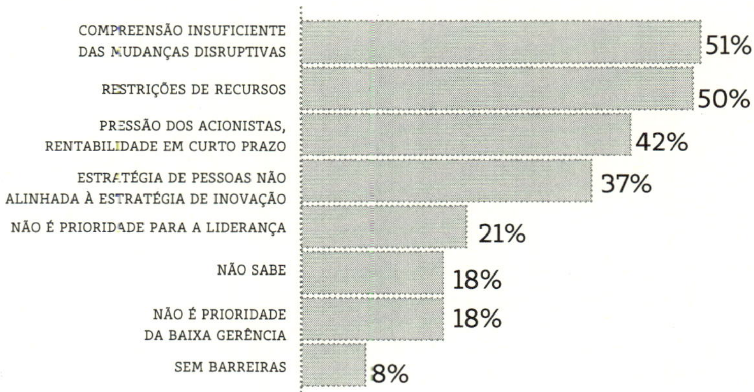

Fonte: Future of Jobs Report, Fórum Econômico Mundial

Na mesma direção, existe uma visão unânime dos líderes de RH que entrevistei para minha dissertação em Biologia-Cultural sobre a falência do modelo atual de governança. As práticas atuais são percebidas como sem utilidade ou valor. É notório que elas não respondem mais aos desafios da organização de hoje e são incapazes de fazer a ponte para o futuro.

É justamente da incerteza provocada pelos problemas complexos que a figura do **designer organizacional** se alimenta. Seu campo de atuação explora as possibilidades de promover aprendizados, ampliar competências organizacionais e gerar soluções, cuja proficiência está no coletivo e não só no indivíduo.

Esse profissional toma emprestado a alma do designer, definido pelo economista e vencedor do Prêmio Nobel de Economia, Herbert A. Simon, como aquele que desvia o curso das ações para transformar situações existentes em preferidas. O jeito de ser do **designer organizacional** combina aspectos do consultor com o do coach e tem a capacidade de se expandir proporcionalmente à complexidade e diversidade do ambiente do qual faz parte. Ele articula uma arquitetura de aprendizagem, com competências únicas, adquiridas na medida em que soluções são desenhadas para que pessoas, equipes e organizações possam atingir seus objetivos.

Ao promover uma profunda reflexão estratégica e coletiva, o **designer organizacional** assume um posicionamento mais assertivo sobre presente e futuro da empresa. Sob essa identidade, o executivo de RH não precisa mais se esquivar de confrontos, pois tem a segurança e um olhar único para as estratégias de gestão de talentos, de inovação e de negócios da organização.

A TRÍADE DO SUBVERSOR

Poucos conhecem a história de um pequeno grupo de designers, funcionários de uma empresa de tecnologia, que acreditava no poder de transformação do design para tornar processos, interfaces, produtos e serviços mais palatáveis interna e externamente. A liderança e os demais funcionários, majoritariamente engenheiros, não compartilhavam da mesma fé, por vezes ignorando ideias ou mesmo impedindo o desenvolvimento de projetos mais criativos. Eles decidiram, então, colocar sua proposta à prova: criaram um projeto secreto, foram a campo, convocaram especialistas de outras áreas sem esclarecer o verdadeiro propósito da ação, criaram protótipos e apresentaram a conclusão para a liderança. O problema trabalhado virou um programa-piloto que atendia às necessidades de clientes até então detratores. Mais do que provar que estavam certos, os subversores tornaram-se o oxigênio da organização, cumprindo o papel de trazer as pessoas para o centro da revolução digital.

Para se tornar esse ator proativo do sistema, penso que o profissional de RH precisa fazer três movimentos essenciais:

Fonte: Ornellas Consultoria

(1). Desapegar

Chegou a hora de enterrar definitivamente o chapéu das atividades operacionais e do título "Recursos Humanos". Ele está mais do que obsoleto. Desapegar significa se desfazer de algo. E é exatamente isso que o profissional de RH precisa fazer: libertar-se da burocracia e de um banco de dados rico, mas subaproveitado, e promover, finalmente, a transformação digital. Esse não é um movimento fácil. E não só para o RH.

O QUE *APARENTEMENTE* ESTÁ ACONTECENDO

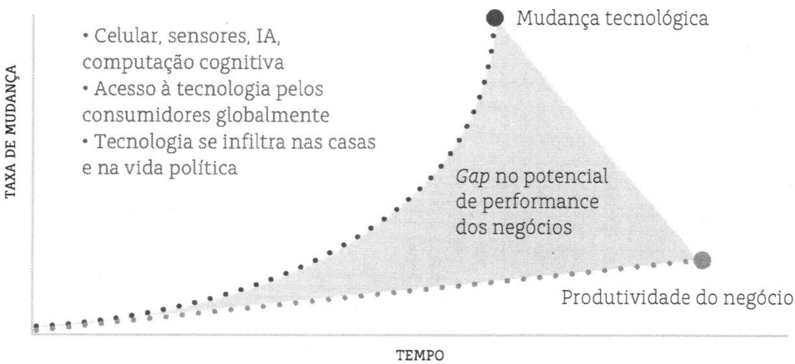

Fonte: Deloitte, Tendências em Capital Humano 2017

Há um *gap* considerável entre as tecnologias disponíveis hoje e a curva de aprendizagem dos negócios, segundo o relatório de Tendências em Capital Humano da Deloitte.

Isso quer dizer que poucas companhias tiram realmente proveito da inteligência artificial. Ainda de acordo com o estudo, que ouviu 10,4 mil líderes de negócios e de RH em 140 países, apenas 8% das organizações exploram sua base de dados, enquanto somente 9% têm um conhecimento profundo dos fatores que impulsionam o desempenho.

Ex-diretor de Recursos Humanos do Google para América Latina, Deli Matsuo pegou para si a missão de ajudar as empresas nessa travessia. Ele é o fundador da Appus, empresa de tecnologia que oferece soluções de HR Analytics ou People Analytics. Conversei com ele não só sobre as ferramentas analíticas e preditivas em gestão de pessoas, mas também sobre a transformação necessária na área. "No curto prazo, os RHs precisam aprender a usar a tecnologia para gestão de pessoas, como os funcionários da Geração Baby Boomer precisaram aprender a usar os computadores e como os funcionários da Geração X aprenderam a usar a internet", explicou.

O RH precisa abrir mão do que Ulrich chamou de "zelador da infraestrutura", isto é, o administrador do fluxo de documentos, processos e pessoas. Os controles de acesso e de férias, assim como a presença e a avaliação de treinamentos, já podem ser operacionalizados de forma digital, a partir de um QR Code ou de outro sistema simples. O Google, por exemplo, já tornou disponível para o mercado americano o Hire, uma ferramenta para ajudar pequenas e médias empresas a recrutar novos funcionários. A praticidade e a funcionalidade colocada pela empresa de tecnologia à serviço do outro já funciona – e muito bem – em casa. Em visita ao escritório do Google em Nova York, conversei longamente com Samantha Vidal, gerente sênior de vendas, sobre a experiência dela na empresa onde trabalha e, em particular, com os serviços de RH. Ela, que gerencia pessoas de diversas partes do mundo, foi categórica. "Hoje, se tudo correr bem, eu nem preciso acionar uma pessoa. Os processos estão todos organizados digitalmente. Se eu tiver algum problema, abro um chamado pelo sistema e algum especialista da área entra em contato comigo para me ajudar a resolver." É simples assim.

Há vários exemplos corriqueiros de como o trabalho operacional de RH pode e será completamente substituído por robôs – não os mecânicos, mas os digitais. De acordo com Matsuo, da Appus, hoje já é possível entregar à inteligência artificial uma quantidade generosa de trabalho, como os dados históricos de folha de pagamento, ponto eletrônico, pesquisas de clima e pulso, informações de treinamento e performance, e dados pessoais dos funcionários, além do histórico de performance econômica e financeira da empresa.

Quando o RH abraça efetivamente a revolução digital, ele fomenta uma cultura que valoriza a transformação e o pensamento crítico. Passa a compreender melhor seu capital humano; consegue identificar melhor *gaps* e oportunidades; cruza diversos dados para construir diferentes cenários e entrega ao CEO relatórios completos para a tomada de decisão e realização da estratégia de negócio.

Você talvez ache que isso é só um sinal de que a tecnologia substituirá a força de trabalho. A resposta é sim e não. Ao mesmo tempo em que enxuga de um lado, ampliam-se as oportunidades de outro. Matsuo tem um exemplo na ponta da língua: o valor dos salários na Contabilizei – startup que oferece serviços 100% digitais de contabilidade – é maior do que o praticado nos escritórios tradicionais. "O valor que esse time criou no negócio é centenas de vezes maior do que um time regular de contadores é capaz de gerar. A diferença está na escalabilidade que a tecnologia cria." O investimento inicial para um RH digital ainda é alto, mas o retorno é maior ainda. A aposta é certeira.

O criador da Appus corrobora também a minha visão de que o tempo para adotar o digital se esgota. "A principal dificuldade dos RHs hoje é perceber que não é uma questão de opção ou preferência. Essa mudança é inevitável. Da mesma forma que a gestão de pessoas é parte básica da capacidade de liderança, a tecnologia torna-se fundamental em qualquer área, inclusive no RH."

Lembre-se: todo desafio pode ser visto sob a ótica da ameaça ou da oportunidade. Eu não tenho dúvidas de que esse mundo complexo, potencializado pela revolução tecnológica, abre uma enorme janela de oportunidade para ajudar líderes e organizações a se reinventarem. O futuro é agora e, no mundo corporativo, ele pode começar pelo RH.

(2). Doar

Doar significar entregar-se ou, ainda, fazer uma transferência de bens ou benefícios. O **designer organizacional** usa essa premissa de duas maneiras: ao mesmo tempo em que ele entrega para a tecnologia o que ela pode fazer melhor e mais rápido, reconhece e confia no protagonismo e na responsabilidade dos líderes e colaboradores da empresa onde trabalha. E o motivo é simples: a gestão de recursos humanos não é mais uma fronteira do RH. Não adianta insistir nesse combate. Ele acabou!

Muitas empresas ainda entendem que administrar a contribuição dos funcionários é a principal responsabilidade do RH. Ulrich chama esse papel de cuidador ou o defensor dos funcionários. É aquele que dedica tempo e presença pessoal para atender demandas variáveis, como ouvir e solucionar problemas, preocupações e necessidades das pessoas.

Essa conduta poderia até fazer sentido décadas atrás, mas hoje, com o devido distanciamento, é preciso reconhecer quão arcaica e paternalista ela é. Não há mais motivos para prolongar a visão de que o indivíduo, seja ele colaborador ou líder, é dependente da organização e completamente passivo. Vicente Falconi, um dos principais consultores em gestão do Brasil, chega a afirmar no livro *O valor dos Recursos Humanos na era do conhecimento* que:

> *No Brasil ainda existe uma forte influência de "cultura taylorista", de "responsabilidade por especialidade". O gerente de RH é o responsável pelos recursos humanos; os outros gerentes "não têm nada a ver com isso". Hoje só é possível gerenciar recursos humanos e, portanto, o conhecimento necessário à sobrevivência das empresas por meio de todos: diretores, gerentes e chefias.*

É chegada a hora, portanto, de doar ao indivíduo o direito de protagonismo e *accountability*, isto é, de fazer escolhas e assumir responsabilidade por elas. Esse é o futuro do trabalho: dar às pessoas a autonomia desejada na carreira e no desenvolvimento dos negócios, de acordo com a estratégia da companhia.

Em uma empresa em que as pessoas são o principal ativo, é papel do líder de negócio contratar, treinar, avaliar, premiar e promover os membros de seu time. Ele deve ser suportado por dados que a rede inteligente da empresa (olha o RH digital!) fornece. É papel do funcionário, por sua vez, aprimorar-se para gerar mais valor não só para a organização, mas principalmente para si próprio. Juntos, eles definem metas de desempenho, que estão disponíveis em uma plataforma e podem ser compartilhadas com outros times.

A equação é simples: não há protagonismo sem responsabilidade e, por isso, não há conflito algum com a transparência.

Nesse cenário, a incumbência de administrar fluxos e cumprir procedimentos internos torna-se, assim como na vida pessoal, parte natural do processo e é facilmente resolvida com o uso da tecnologia já disponível. Segundo a Deloitte, uma companhia de telecomunicações asiática já caminha nesse sentido. Uma plataforma mede em tempo real a aquisição de clientes, a satisfação dos clientes, as contratações, a satisfação dos colaboradores e a rentabilidade.

Você deve estar se perguntando: mas e o RH? Bem, finalmente o executivo da área tem a chance de mergulhar na estratégia. É ele quem vai desenhar políticas e práticas que sustentem os objetivos de negócio. É ele, principalmente, quem assume o papel de catalisador de uma cultura que absorve o novo para garantir a perenidade da empresa e fazer a ponte com o futuro.

Essa visão não é absurda se você pensar que hoje, por exemplo, os CEOs já são cobrados por diversidade e inclusão em suas organizações. É claro que alguns o fazem por obrigação, já que há leis e movimentos setoriais para garantir a igualdade de direitos e a redução de *gaps*, mas vários líderes perceberam os benefícios da diversidade para o negócio. A tão perseguida inovação tem como principal vetor a multiplicidade de olhar.

Além disso, todos os dias surgem novas formas de contratos sociais e de empregos. Há uma mudança de *mindset* em curso que é muito mais ampla do que a polêmica reforma trabalhista. Ela não se resume a profissionais PJ ou freelancers, mas a indivíduos, coletivos e até empresas testando novas formas de se relacionar e sobreviver. Klaus Schwab, do Fórum Econômico Mundial, resume da seguinte forma, no livro *A Quarta Revolução Industrial*:

Em um mundo onde as fronteiras estão desaparecendo e as aspirações estão mudando, as pessoas não buscam apenas o equilíbrio profissional, mas também uma integração profissional harmoniosa.

A ORGANIZAÇÃO DO FUTURO: VELHAS REGRAS X NOVAS REGRAS

Velhas regras	Novas regras
Organizada pela eficiência e eficácia	Organizada pela aprendizagem, pela inovação e pelo impacto no consumidor
Companhia vista como uma hierarquia, com processos de direitos de decisão, estrutura e progresso da liderança totalmente hierárquicos	Companhia vista como uma rede ágil, empoderada pelos líderes e alimentada pela colaboração e compartilhamento de conhecimento
Avanço por meio da promoção em uma estrutura com vários níveis acima	Estrutura baseada em trabalho e projetos, com times focados em produtos, clientes e serviços
Pessoas tornam-se líderes por meio das promoções	Pessoas ganham seguidores e, assim, adquirem influência e autoridade
Liderado pela direção	Liderado pela orquestração, em harmonia
Cultura guiada pelo medo do fracasso e pelas percepções dos outros	Cultura de segurança , abundância e de importância por assumir riscos para a inovação
Guiado por regras	Guiado por um playbook
Papéis, posições e títulos claramente definidos	Times e responsabilidades claramente definidos, mas papéis e títulos em mudança constante
Baseado em processos	Baseado em projetos

Fonte: Deloitte, Tendências em Capital Humano 2017

É o tal do **propósito**, uma palavra utilizada em diferentes círculos, mas que surge de uma crença única, ligada à escola Matrística. É a ampliação da consciência sobre o que se faz e como se faz. Esse é um dos recados dados por Laszlo Bock – antigo vice-presidente de Operações de Pessoas no Google e cofundador da Humu – aos profissionais de RH em *Um novo jeito de trabalhar*:

> *Conecte o trabalho a uma ideia ou a um valor que transcenda o dia a dia e que também reflita com honestidade o que você está fazendo. O Google organiza as informações do mundo e as torna acessíveis e úteis. Todos que trabalham aqui contribuem para essa missão, por menos importante que pareça ser seu cargo. Isso atrai as pessoas para a empresa e as inspira a continuar trabalhando aqui, a assumir riscos e perseguir um desempenho elevado.*

E é aí que entra o **designer organizacional**: ao se desfazer de velhas amarras e doar o protagonismo das decisões de gestão a quem pertence, o profissional tem liberdade para desenhar uma arquitetura de aprendizagem que ajuda a empresa na travessia do velho mundo estático e analógico para o novo mundo interconectado – em todos os sentidos.

(3). Descobrir

O **designer organizacional** é o profissional curioso que enxerga os problemas complexos como parte de seu dia a dia. Seu jeito de pensar é diferente: ele explora cenários, simplifica os dilemas e constrói projetos centrados em pessoas, a partir de conceitos e premissas de várias outras escolas do conhecimento. Ele não se sente ameaçado pela tecnologia, porque utiliza habilidades e competências intrinsicamente humanas para trabalhar os principais impactos da Quarta Revolução Industrial em sua organização. Schwab, do Fórum Econômico Mundial, aponta quatro efeitos dessa nova era:

- mudanças nas expectativas dos clientes,
- produtividade dos ativos,
- novas parcerias e formas de colaboração,
- modelos operacionais transformados em digitais.

Para o **designer organizacional**, há um quinto elemento: a experiência do colaborador. Ele olha para fora e para o futuro para desenhar e cocriar projetos que tenham significado para as pessoas e coerência com o negócio. Sabe que, para encontrar o *match* perfeito, é preciso empatia, colaboração e experimentação. Porque, afinal, não adianta reagir somente à ponta do iceberg. Esse é o modelo antigo, completamente falido.

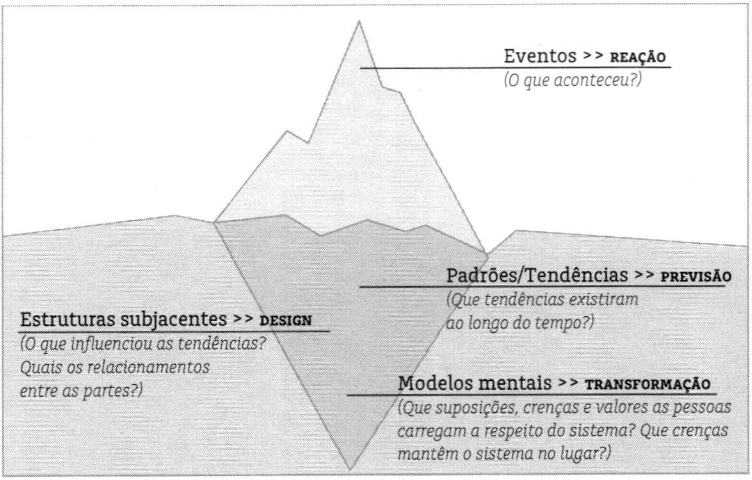

Fonte: Northwest Earth Institute

Para descobrir as oportunidades, o **designer organizacional** inspira-se no Design Thinking. O termo foi mencionado pela primeira vez em 1992, em um artigo escrito por Richard Buchanan, professor da universidade Carnegie Mellon, localizada em Pittsburgh, nos Estados Unidos. Seus princípios foram pulverizados pela IDEO, referência global em Design. Professora da Universidade da Virgínia, Jeanne Liedtka roda o mundo apresentando a metodologia, que define em *A Magia do Design Thinking*, livro que escreveu com Tim Ogilvie, como "uma abordagem sistêmica à solução de problemas". Parece complicado, mas Luis Alt e Tennyson Pinheiro, pioneiros no assunto no Brasil, suavizam a questão ao lembrar, no livro *Design Thinking Brasil*, que *design thinker* nem é uma profissão.

> *Não existe uma disciplina específica que irá torná-lo um Design Thinker. Dito isso, acreditamos, e muito, no potencial resultado do envolvimento de pessoas de negócios com disciplinas centradas no ser humano como o Design, a Psicologia, a Sociologia, entre outras.*

Jeanne até brinca que esse processo tem "mais a ver com os sapatinhos vermelhos da Dorothy do que com uma varinha de condão". Todo mundo tem o poder, basta descobrir como usá-lo. E é essa também a premissa do **designer organizacional**.

Para assumir essa identidade, o profissional de RH não precisa desenvolver competências técnicas específicas nem ter poderes sobrenaturais. Seu objetivo é entender o comportamento humano para construir soluções relevantes, implementáveis tecnicamente e viáveis financeiramente. É necessário que ele abrace os elementos que compõem a alma do Design Thinking: a empatia, a colaboração e a experimentação.

Embora as práticas, políticas e regras sejam feitas para pessoas, o RH hoje pouco leva em consideração a jornada do colaborador. Os programas são desenvolvidos em salas fechadas e herméticas, sob o ponto de vista da empresa, sem troca ou prototipagem. Enxerga-se a superfície do iceberg e, armado de certezas, cria-se uma solução de vida longa para atender indiscriminadamente todos os públicos, ignorando a volatilidade e a diversidade do mundo atual.

O **designer organizacional** rompe essa bolha e abandona esse *mindset* viciado ao tornar a empatia, a colaboração e a experimentação os core *skills* para descortinar novas oportunidades para os dilemas. Esse é o caminho para inovar em RH.

(3).1. Empatia

O **designer organizacional** é o profissional que, ao ser confrontado com um problema, busca aprofundar, compreender e descobrir os aspectos físico, psicológico, emocional e cultural da questão. Ele abre mão de suas perspectivas, percepções e certezas para entender o outro. Explora as suposições e dúvidas e vai a campo ampliar a visão. Liedtka expõe, em *A Magia do Design Thinking*, uma definição mais clara para empatia:

> *Claro que todos já sabemos que devemos ser "centrados no cliente", mas falamos aqui de algo mais profundo e mais pessoal do que isso. Significa "conhecer" os clientes como pessoas de verdade, em vez de vê-los como alvos para vendas ou como um conjunto de estatísticas demográficas, reunindo faixa etária, nível*

de renda ou estado civil. Requer desenvolver uma compreensão de suas necessidades e vontades, tanto emocionais quanto racionais.

Nesse sentido, quando o RH tem em mãos um problema, ele não busca mais soluções prontas dentro ou fora de casa. Ele amplia seu campo de visão, investiga as reais necessidades e desejos de seu cliente interno e promove o diálogo com ele para descobrir a solução mais adequada. Alt e Pinheiro destacam que o "olhar empático do Design Thinking nos permite atacar um problema utilizando novos pontos de vista e com isso trabalhar em ideias que, antes de mergulharmos na mente de outras pessoas, não estavam disponíveis".

Ao se assumir como um ser humano e profissional empático, o **designer organizacional** entende que ele pouco sabe do mundo. E essa é uma das poucas constantes da vida.

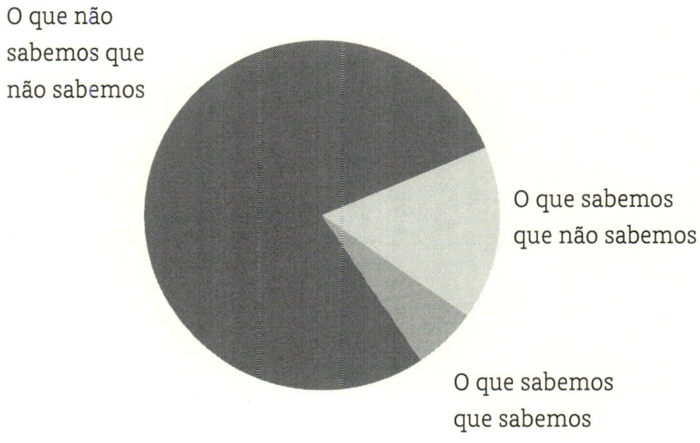

A empatia pode, por exemplo, ser utilizada para avaliar e testar novas formas de gestão de desempenho. Percebi isso durante minha visita à sede da IBM Watson, em Nova York. Como em quase todas as empresas, a avaliação de performance era o processo mais odiado dentro da organização. A empresa decidiu, então, ouvir todos os colaboradores sobre o modelo vigente e sobre o que eles entendiam como a melhor forma de avaliação. "A gente não queria fazer isso somente com base externas e usando referências de mercado", relembrou Ramsés Abdul Ghani, Global Talent Partner da IBM Watson, que me recebeu e me apresentou o *mindset* da empresa. "Nós abrimos uma conversa com os nossos funcionários em nível global, que teve milhares de interações. Nós compartilhamos o design do programa para saber quais os problemas do modelo atual e o que poderia funcionar na visão deles. Durante semanas, analisamos os sentimentos e os comentários para redesenhar a solução."

Quando se dá autonomia aos funcionários, a organização pode se surpreender com os resultados. Ao contrário do que se possa pensar, o retorno foi um desejo por feedbacks mais construtivos. Chegou-se a um modelo de diálogo contínuo, alinhado ao desejo de uma cultura colaborativa mais forte e ágil. O sistema anual de revisão de performance foi aposentado e um aplicativo, disponível na versão móvel e desktop, foi colocado em teste. Embora opcional, a ferramenta está disponível para todo o universo IBM e já mobilizou 90 mil funcionários, cerca de um quarto da força de trabalho global da empresa. "A conversa não só se mantém desde a criação, como são promovidas constantes interações sobre o que está acontecendo, o que está agregando e o que precisamos mudar para que seja mais efetiva", explica Ghani, que não escondeu seu entusiasmo com a iniciativa. Do desenvolvimento à adoção opcional, o aplicativo representou uma profunda mudança de cultura. "É uma forma de fazer RH bem diferente do que fazíamos no passado – é mais focado na experiência do funcionário, no valor que a solução entrega do que na solução em si."

Especialista em Inteligência Emocional, o PhD Daniel Goleman ressalta, ainda, que a empatia é um dos principais componentes da liderança diante do ritmo veloz da globalização e da necessidade crescente de reter talentos. "O diálogo intercultural pode facilmente levar a erros de comunicação e mal-entendidos. A empatia é um antídoto", ressaltou no livro *Liderança: A Inteligência Emocional na Formação do Líder de Sucesso*.

(3).2. Colaboração

Acredito que a colaboração faz parte da essência do ser humano, mas é frequentemente preterida. Colaboração pressupõe diálogo e, no contexto organizacional, a construção de uma solução em conjunto. A dificuldade em cooperar é cultural. Desde a infância, ouvimos que o importante é competir e, assim, desenvolvemos a gana por derrotar o outro e obter o primeiro lugar. No ambiente corporativo, a competição torna-se a fonte e a causa dos principais problemas de equipes e empresas. Há executivos que até se utilizam e se orgulham da competição interna como modelo de gestão. É mais do que uma evidência do predomínio da era psíquica moderna e pós-moderna, conforme abordei no capítulo anterior.

Como consultor, vejo frequentemente departamentos disputando informação e segmentando atividades, sem visão alguma do todo. No RH, essa postura torna-se mais grave, visto que a coesão interna e o alinhamento com o negócio são, de acordo com as especialistas Lynda Gratton e Catherine Truss, condições essenciais para o sucesso das estratégias de gestão de pessoas. Não é isso que ocorre. É da almejada inovação que se abre mão ao se recusar a compartilhar, a contribuir e até a pedir ajuda. Talvez alguns vejam como sinal de fraqueza precisar de outras mentes para resolver um problema. Pois saiba que até a Nasa, residência das mentes mais brilhantes do mundo, mantém uma plataforma aberta para solucionar os dilemas mais cabeludos. A inovação precisa e deve ser tratada de maneira aberta e global.

Para a colaboração acontecer, é preciso abrir mão de espaço e autoria. É necessário assumir que algumas práticas já não fazem mais sentido e precisam ser eliminadas. É indispensável ter empatia para compreender outros olhares e perspectivas. É inevitável arregaçar as mangas e mergulhar de cabeça nos problemas, aprofundar análises, descobrir novas visões sobre as questões e testar possibilidades.

Acredite se quiser, mas o Google já fez isso com uma questão muito delicada: remuneração. Os dados de desempenho e salários de uma equipe de engenharia foram entregues a 30 googlers para discutir distribuição de bônus. A opção pela meritocracia, adotada pela maioria das empresas, não é tão óbvia assim. Bock destrinchou o case no livro *Um Novo Jeito de Trabalhar*:

Por exemplo, imagine dois engenheiros que apresentem o mesmo nível de desempenho e que um deles tenha sido mais eficaz em negociar o salário inicial ao entrar na empresa. Digamos que o melhor negociador tivesse conseguido um salário de US$ 100 mil por ano, enquanto o outro tivesse fechado em US$ 90 mil anuais. Como os níveis de desempenho eram iguais, ambos receberam bônus de 20%. Isso não é justo, argumentaram os engenheiros, porque a primeira pessoa recebeu US$ 20 mil de bônus, enquanto a segunda, que contribuiu da mesma forma, embolsou somente US$ 18 mil.

A solução encontrada, a pedido dos próprios engenheiros, foi mudar a base do cálculo do bônus, do salário individual para o médio, garantindo pacotes proporcionais às contribuições. Exemplos como esse ainda são tímidos. As inovações, quando existem, estão escondidas em salas e escritórios, desenhados por arquitetos externos, sob a tutela das áreas de Facilities, que pouco sabem sobre as pessoas que ali se abrigam.

A lição que tiro de inovações obtidas a partir da empatia e da colaboração é que, quando você mostra abertura e apreço pela opinião do outro, os benefícios não só se multiplicam, mas também são recíprocos. Quando confiamos aos funcionários a complexidade das questões de RH, como a definição dos critérios de remuneração e bônus, eles tornam-se mais sensíveis à realidade que até então desconheciam.

A crítica ou questionamento mais comum sobre a possibilidade de se reconhecer o protagonismo e a *accountability* é a de que as pessoas não estão prontas para essa autonomia. Se esse é o diagnóstico da sua empresa, vale desde já trabalhar essas competências para não passar o resto do tempo lamentando e justificando a falta de capacidade dos colaboradores. Você está perdendo a oportunidade de desenvolver o time, de se desenvolver e de tornar o RH aos olhos dos demais... mais humano!

(3).3. Experimentação

Aqui reside o maior dilema: experimentação pressupõe teste e, eventualmente, fracasso. Poucas empresas são abertas a erros pela simples falta de entendimento de que nas ocorrências tidas como negativas estão os principais aprendizados. Daí a preferência que os profissionais de RH têm por modelos testados e validados e pelo investimento em benchmarkings em vez do desenvolvimento de soluções únicas.

Ao suspender os modelos mentais operantes, é possível notar que uma abordagem leve, que permite experimentar soluções com desapego, é o caminho para fortalecer conexões e relações. Os RHs precisam desenvolver, com ajuda dos funcionários, soluções apropriadas à sua realidade e cultura. Com o experimento pronto, dá-se início a uma fase de testes. Esse é o momento da aprendizagem, de onde saem ricos insights sobre o produto, sobre o público-alvo, sobre a própria empresa. Protagonista do TED "Construa uma torre, construa uma equipe", Tom Wujec chama a prototipagem de uma conversa com as próprias ideias. Bem mais empático, não acha?

Pela própria natureza do negócio, as companhias do Vale do Silício são as mais abertas a testar soluções. Isso acontece com programas e políticas de RH e também com produtos e soluções que serão colocados no mercado para o cliente. Divido, mais uma vez, um exemplo do Google, exposto pelo autor de *Um novo jeito de trabalhar*:

> *Todo departamento, toda equipe, todo projeto é uma oportunidade de executar um experimento e aprender com ele. Essa é uma das maiores oportunidades perdidas por grandes organizações e se aplica, da mesma maneira, a empresas com centenas de funcionários, não com milhares.*

O motivo, segundo Bock, é simples:

> *Com muita frequência, a administração toma decisões que afetam unilateralmente toda a organização. E se a administração estiver errada? E se alguém tiver uma ideia melhor? E se a decisão funcionar em um país mas não em outro? Parece loucura que as empresas não façam mais testes desse tipo!*

Maria Augusta Orofino, minha parceira nos trabalhos de inovação e transformação cultural utilizando Design Thinking, corrobora a visão do CEO da Humu e lembra que "a **experimentação** no Design Thinking coloca em evidência os riscos e os erros das propostas e cabe aos participantes um plano de ação para reduzir as ameaças e tornar a iniciativa viável, desejável e em harmonia com o mercado". É nesse contexto que tem se multiplicado a expressão "erre, mas reconheça rapidamente o erro e corrija-o o mais rápido possível".

Ao dominar o Design Thinking, o **designer organizacional** fomenta o aprendizado constante e a capacidade de conectar propósitos no trabalho. A missão e a visão de futuro da empresa ajudam a atrair funcionários, só que o que os retém hoje é a experiência diária, que eu gosto de chamar de "a hora da verdade". Não adianta publicar belos relatórios ou espalhar frases inspiradoras pelas paredes. Os valores da organização e da liderança estão expressos nos relacionamentos entre os departamentos, entre os stakeholders, entre seres humanos.

Enquanto escrevo este capítulo, a postura do líder de uma empresa de tecnologia do Vale do Silício viralizou na internet justamente por expressar empatia a uma funcionária. Mandalyn Parker trabalha na Olark, criadora de chats, e informou por e-mail ao chefe sua licença para cuidar da própria saúde mental. Ela sofre de depressão crônica e ansiedade. O CEO Ben Congleton respondeu parabenizando-a. Afastamento médico, na visão dele, também serve para a saúde mental.

Parker compartilhou publicamente seu contentamento com o chefe e a repercussão nas redes sociais surpreendeu o próprio executivo, que aproveitou o momento para relacionar sua postura diante da situação à cultura da empresa que lidera. Com a colaboração de funcionários, ele publicou no Medium, uma plataforma gratuita de artigos, uma mensagem.

Como executivos, lideramos organizações formadas por pessoas que se uniram para causar um impacto. Nosso trabalho é capacitar e motivar nossas equipes para maximizar o impacto da nossa organização para nossos clientes, nossos funcionários, nossos acionistas e o mundo. Na Olark, nossa missão é tornar os negócios humanos e, a partir desses comentários [das redes

> *sociais], é claro que nem todos os líderes veem a oportunidade de aumentar o impacto ao se concentrar nos humanos que compõem sua organização.*

Reforçou ainda:

> *É 2017. Vivemos a economia do conhecimento. Nosso trabalho nos leva ao pico do nosso desempenho mental. Quando um atleta está ferido, ele é colocado no banco para se recuperar. Vamos nos livrar da ideia de que, de alguma forma, com o cérebro é diferente.*

A eficiência e a cultura da então desconhecida Olark continuarão sendo testadas pelo mercado e pelos próprios funcionários. Afinal, essa é a nova ordem mundial. No entanto, a empresa já mostrou ter um pé no futuro ao criar experiências que engajam e inspiram o público interno e externo. O líder da companhia de tecnologia demonstra conhecimento sobre o que acontece no mundo e o que faz a diferença dentro de casa.

O **designer organizacional** tem esse instinto apurado. Eu costumo dizer que é um caminho conectado à essência para a mudança e a transformação organizacional. Ele só **desapega**, **doa** e **descobre** porque entende a profunda relação de interdependência entre todos no universo e é por isso que ajuda a empresa a repensar o próprio propósito e, a partir disso, redesenhar papéis, prioridades, planos, investimentos e outros fatores fundamentais à realização da estratégia. É isso que o **designer organizacional** faz. É isso que o RH, com as competências adequadas, pode fazer por sua empresa. Ao trabalhar o *gap* entre as duas identidades e o dois modelos, a sétima fase do RH sai do papel.

AS SEMENTES DA MUDANÇA

Em 2014, comecei a me preparar para a dissertação que tinha pela frente. Embora sempre tenha me considerado inquieto, Maturana provocou reflexões profundas e, por vezes, difíceis de expressar. Voltava de Santiago refletindo no voo e sentia em mim uma diferença, ainda que não conseguisse, naquele momento, abordar essas mudanças. Minhas certezas foram colocadas em xeque e fui completamente tomado por dúvidas.

Como primeiro passo para a construção da dissertação, pareceu-me natural não abandonar meu campo de atuação: o de entender as transformações no ambiente para ajudar o desenvolvimento dos profissionais de RH. Coloquei-me o desafio do **desapegar** para olhar a conhecida arena de outra forma, em um processo custoso e único, de abrir mão do próprio conhecimento, suposições e verdades. Entendi que tinha em mãos a oportunidade de ajudar a reescrever uma história, sem ter a mínima ideia de como ela terminaria.

Meu processo de **doar** significou procurar os verdadeiros protagonistas e mergulhar em suas narrativas. Assim, busquei profissionais com a seguintes características:

(1). Ser considerado referência em RH pelo mercado brasileiro.

(2). Ter uma posição de liderança dentro de uma organização.

(3). Ter maturidade e significativa experiência na área.

Armei-me de curiosidade e vesti as lentes da pluralidade para **(re)descobrir** o ambiente de RH, bem como as formas de convivência, linguagens, pensamentos e percepções vigentes nas organizações de hoje. Meu guia foi o principal conselho de Maturana: questionar.

Priorizei executivos que pertenciam à minha rede de relacionamento de forma a não só facilitar o acesso, mas também para obter a profundidade nas respostas que somente uma relação baseada em confiança mútua pode gerar. Em um claro processo de empatia e colaboração, queria cocriar um diagnóstico da área de RH e, assim, levantar hipóteses sobre o futuro da área.

Estava aberto a entender o que acontecia nas organizações e a me colocar no lugar de cada líder. Mal poderia imaginar que dali sairia um protótipo para ajudar no redesenho dos espaços de aprendizagem e na reformulação das grades e disciplinas na formação das novas gerações de RH.

A FONTE

A amostra do meu estudo expôs a diversidade que necessitava. O grupo era formado por 15 líderes, praticamente equilibrado do ponto de vista de gênero (54% feminino; 46% masculino), com idade média de 44 anos e outros 11 anos, aproximadamente, de experiência em cargos de direção de RH. Esses executivos lideravam, na época, corporações de diferentes segmentos: bancos, seguradoras, fundição, bebidas, tecnologia, entretenimento, transportes rodoviários, consultoria, papel e celulose e cosméticos. As 15 entrevistas aconteceram entre janeiro e março de 2015 e tiveram uma duração aproximada de 60 minutos.

Sob a segurança do anonimato, procurei garantir a honestidade e a profundidade que entendia necessárias. Falar das vitórias é fácil, das frustrações e dos problemas nem tanto. E, como diria Leonard Cohen, é pelas rachaduras que entra luz. Além de manter o compromisso de preservar os executivos, que foram tão generosos com seu tempo e análises, não exponho aqui a íntegra dos relatos, devidamente gravada e ar-

CARGO

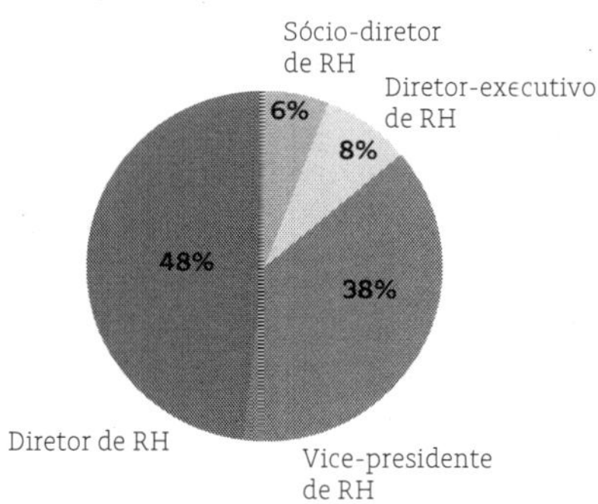

TEMPO NA POSIÇÃO

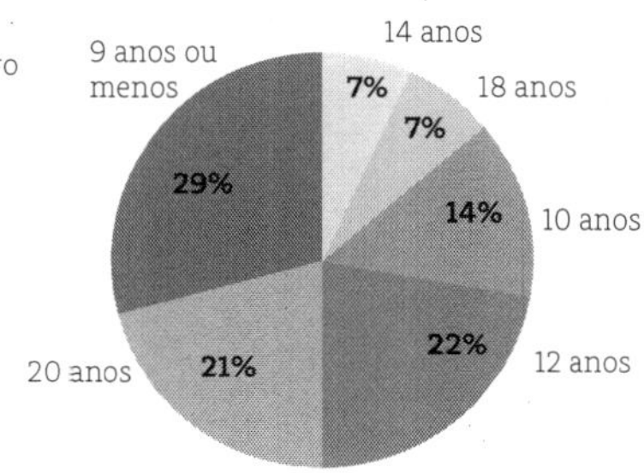

IDADE

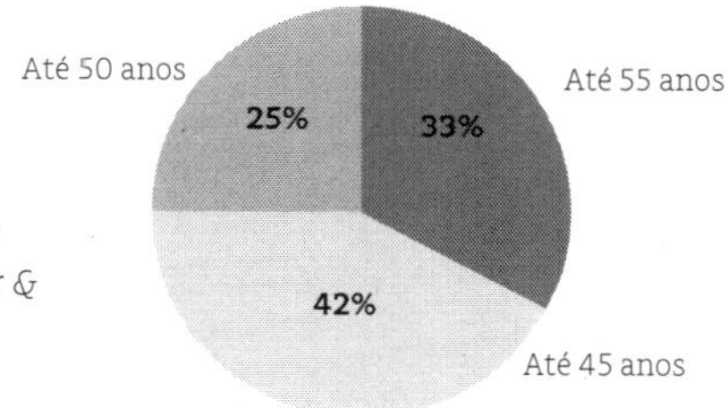

Fonte: Marco Ornellas – Mestrado de Biologia-Cultural, Universidad Mayor & Escola Matríztica.

quivada. Trago o suficiente para conduzi-lo por uma estrada que explora as respostas dadas aos desafios atuais dentro das organizações, sob o ponto de vista de pessoas (gerações, diversidade, demografia, conflitos, identidade e valores), tecnologia (conectividade, ritmo do trabalho, tempo), sustentabilidade (questões ambientais) e educação (qualidade e capacitação).

A encruzilhada se faz presente na percepção dos entrevistados sobre a falência do modelo atual das organizações e, por consequência, da própria proposta de RH. Os comportamentos esperados e os desafios de quem vive essa jornada diariamente, dentro e fora das organizações, são um claro indicativo do caminho a seguir. Os relatos demonstrarão a você, assim como a mim, que a terra já foi preparada. As sementes da mudança já foram plantadas em vários canteiros.

O DESAFIO ATUAL EM RELAÇÃO A PESSOAS

Como comentado anteriormente, os estilos de vida e modos de convivência estão mudando no que diz respeito à família, ética, religião, alimentação, educação, expectativa de vida, identidade, relação com o emprego, noção de tempo, entre tantos outros aspectos. Os desdobramentos da crise de valores foram apontados e considerados como críticos pelos líderes de RH das organizações. Não existe mais, por exemplo, o desejo por um emprego para a vida toda.

Hoje em dia não é todo mundo que quer ser o CEO. Cada vez tem menos gente que quer isso. Há mais alternativas de autossatisfação e muitas variáveis que a gente não controla.

As significativas alterações na demografia da mão de obra tornam esse cenário mais desafiador. A ampliação do número de profissionais com mais de 55 anos e a diversidade de gênero são os estopins de grandes discussões no mercado de trabalho.

> *Há vários desafios nessa linha, que eu acho que são: como é que você cria trabalho e ambiente para tanta gente conviver? Como lidar com os conflitos de gerações? Que tipo de trabalho [interessa]? Que tipo de relação com trabalho as pessoas vão ter?*
>
> *Tem gente muito boa hoje que não quer trabalhar em lugar nenhum, porque ela consegue trabalhar com todas as empresas ao mesmo tempo.*
>
> *Eu quero trabalhar numa instituição flexível, quero que você confie em mim. Eu quero que você me reconheça, eu quero que você me dê um jogo, no qual que eu possa me sentir fazendo parte de um intento criativo e inovador. Eu não vou ficar com você mais que dois, três anos. Eu vou embora, mas posso voltar mais maduro e posso assumir uma posição de liderança. Eu quero que você me reconheça e me diga como estou indo a todo momento.*

É quase unânime entre os entrevistados o desejo de autonomia das pessoas, bem como a necessidade que elas têm de se desafiar e de buscar a realização, atrelada à cultura do prazer como algo a ser atingido. O gosto por viver na plenitude representa a busca de uma nova relação de trabalho com mais flexibilidade e menos aprisionamento, mais confiança nas relações e menos vínculos baseados somente na relação comercial.

Para mim, nós estamos vivendo uma crise de valores sem precedentes, pelo menos na nossa história atual. Ela carrega as empresas junto e o pior é que as empresas estão sendo associadas a um lado ruim da história, com ou sem razão.

Esse conjunto de fatores, aliado à falência do modelo de organização, aspecto que será abordado mais adiante, traz à tona o sofrimento e as doenças dentro das organizações. As pessoas têm desejos e consciência do que querem e isso em nada tem a ver com os atuais ambientes organizacionais.

A minha impressão hoje é que as pessoas têm ficado cada vez mais doentes dentro dos universos corporativos e são poucas as que conseguem entender o propósito corporativo e separá-lo da sua vida pessoal.

Mais contundente, um executivo chegou a dizer que quem não se encontra enfermo pode ter um quadro clínico mais sério por sentir prazer em ver quem está ao seu redor sofrendo.

O que fica evidente nesses relatos é que as lideranças de RH não estão alheias ao que está acontecendo dentro e fora das organizações. As mudanças de andamento na sociedade e os consequentes impactos nas relações de trabalho remetem claramente ao cruzamento das eras psíquicas com as teorias organizacionais. A cultura patriarcal sobreviveu por décadas, condicionando o indivíduo a se submeter ao empregador e ao Estado e reprimindo seu desejo de realização, participação, autonomia e prazer.

Hoje o gosto pelo viver na plenitude representa um novo posicionamento, que passa por respeito a si próprio e a um novo conviver. Evoco, de novo, Maturana e Yánez, que ensinam que nós, seres humanos, queremos pensar, refletir, mudar de opinião, ter iniciativa e participar do que fazemos. Queremos ser vistos e escutados da forma que somos, como seres inteligentes e criativos.

O DESAFIO ATUAL EM RELAÇÃO À TECNOLOGIA

Os novos dispositivos e aplicativos têm permitido uma inclusão digital. Antigos objetos de desejo da massa, os celulares tornaram-se hoje ferramentas de comunicação essenciais para a vida moderna em qualquer canto do planeta. Eles já alcançam, de acordo com a União Internacional de Telecomunicações (UIT), ligada à ONU, 99,7% da população, ou seja, 997 em cada mil habitantes. No Brasil, estudos apontam que o número de smartphones e de habitantes se igualará ainda em 2017. Os impactos da hiperconectividade são percebidos pelas empresas também no que diz respeito à gestão de pessoas.

> *A tecnologia hoje já permite saber quem realmente você é. As empresas estão olhando como você se comporta na vida pessoal para tomar a decisão. As pessoas estão constantemente expostas, é um grande* big brother *mesmo.*

> *A parte de engajamento, culturas e valores é interessante, porque como a tecnologia permite que você fique mais*

transparente, mais visível. Você tem que se provar muito mais. As empresas hoje são muito mais demandadas porque não conseguem mais enganar ninguém – o consumidor final, o cliente –, é tudo muito exposto.

Outros entrevistados ressaltaram como a tecnologia serve para a diminuição dos trabalhos mais operacionais também em sua área, liberando os profissionais para habilidades de análise e decisão, além do uso de competências mais sutis, como a intuição.

Todas as atividades que são hoje de rotina, isto é, que são operacionais e precisam de pouco julgamento ou pouca avaliação humana em cima de uma informação, tendem a acabar. Você pega a atividade de call center ou atividades operacionais, isso tudo a tecnologia tende a substituir. Por outro lado, tudo que requer a sensibilidade humana, a avaliação sobre o que deve ser ou não considerado, tudo isso continuará sendo muito importante. A intuição será prevalente e importante, assim como o uso da habilidade, adaptabilidade e autonomia são as grandes competências requeridas.

Eu acho que o Recursos Humanos do futuro não precisará de muito mais gente, porque a tecnologia permite que muita informação e atividade operacional da área esteja na máquina das pessoas. Nós já temos ferramentas em que é possível fazer tudo sozinho. Você não precisa de um suporte de Recursos Humanos para fazer uma transferência de uma pessoa de uma organização para outra, para dar um aumento de salário, para fazer um processo de desligamento.

O avanço da tecnologia também tem feito enorme diferença quando a questão é ritmo e velocidade. Um bom exemplo é que a própria internet surgiu há poucas décadas e não há quem não tenha, na época, ficado maravilhado com a possibilidade de trocar mensagens instantâneas ou ter acesso à biblioteca de Harvard apenas em um clique. "A tecnologia e a internet provocaram uma revolução na troca e na quantidade de informações", ressaltou o jornalista James Gleick (2000), autor do livro *Acelerado*. "Uma coisa acelera a outra e nos vemos num círculo virtuoso aparentemente inquebrável: a tecnologia gera demanda por velocidade, que empurra o desenvolvimento de novas tecnologias que precisam ser mais rápidas." Vários entrevistados abordaram os efeitos dessa "sociedade absolutamente conectada na qual a tecnologia é pervasiva".

> *Não estamos preparados para lidar com a velocidade das mídias sociais e hoje tudo acontece dentro desse modelo. Eu acredito que o desempenho será cada vez mais exigido, porque o ambiente é mais veloz.*

Pela dificuldade de se adaptar rapidamente e apegadas a uma fase normativa-contratual nas relações de trabalho, algumas organizações ainda tentam regular o acesso de seus funcionários a aplicativos. Vivem dentro de uma bolha, amortecidos por uma ilusão.

O impacto da tecnologia na comunicação é uma das características mais marcantes para os profissionais da área. As redes sociais mudaram a forma como os seres humanos se comunicam entre si e com as instituições. A construção de redes baseadas em confiança tornou o convívio mais horizontal e mais complexo.

Até pela necessidade de gestão de conhecimento, hoje você não tem, por exemplo, na empresa uma comunicação de forma hierárquica em que você simplesmente comunica algo como deve ser. Hoje a informação está tão disponível para qualquer nível da organização que a forma de se comunicar ocorre por meio das comunidades, nas quais todos colocam o seu ponto de vista ou buscam informação e auxílio. Você se expõe mais e tem que estar mais preparado para lidar com todas as questões relacionadas à empresa, mas é a melhor forma de fazer gestão de conhecimento e de engajar pessoas.

As especialistas em Recursos Humanos Jeanne C. Meister e Karie Wilyerd, no livro *O ambiente de trabalho em 2020*, previram que os requisitos de emprego para CEOs incluirão *blogging* como forma de se manter conectado com clientes, com seus funcionários e com o mercado em geral. Segundo elas, há quase 300 executivos seniores e 60 CEOs registrados como blogueiros, conforme apontado pelo New PR Wiki.

Com o advento da tecnologia, nasceu definitivamente um novo indivíduo, que demanda e se coloca dentro de um novo contexto. As redes sociais sugerem uma direção importante para as práticas e instrumentos de RH, em particular as que cuidam da comunicação e aprendizagem das pessoas. A IBM, que abriu um diálogo interno para redesenhar seu modelo de avaliação, é um bom exemplo disso.

O DESAFIO ATUAL EM RELAÇÃO À EDUCAÇÃO

Neste quesito, a situação é preocupante. Exceto casos isolados, nossa educação ainda é pautada pelo trabalho industrial, que, por sua vez, segue o conceito de disciplinas, que forma especialistas e desconsidera a questão da tecnologia.

As instituições brasileiras de ensino também não preparam os profissionais para o novo ambiente de trabalho. Uma das consequências é uma velha conhecida do RH: a produtividade. O desafio, no entanto, ganha proporções exponenciais.

> *Produtividade é um dos maiores desafios do Brasil. Hoje cinco profissionais no país fazem o trabalho de um americano. Isso é um problema sistêmico, está muito relacionado à questão da educação, da nossa cadeia produtiva, de todos os desperdícios que a gente tem, da falta de qualificação.*

E o problema que nasce em uma ponta vira uma bola de neve:

> *Para a empresa do futuro, formar gente demora. O timing do crescimento de pessoas não é o mesmo da dinâmica dos negócios.*

E fica mais complicado desenvolver um futuro CEO em um mundo em constante mutação:

> *Você não sabe para que empresa está procurando um sucessor, porque no dia em que ele for necessário já é outra empresa. Daqui a x anos, vamos precisar de outro cara.*

Embora a educação seja ruim, existe certo paradoxo se compararmos o nível de competência e capacitação do jovem de hoje ao do jovem de anos atrás.

É uma geração que consegue fazer várias coisas ao mesmo tempo, é uma geração de raciocínio lógico, mais rápida, uma geração de avanço tecnológico. Agora, como você combina tudo isso?

O conflito de gerações dentro da empresa torna mais desafiadora a comunicação e também o treinamento e desenvolvimento dos funcionários. O leque de competências e habilidades é cada vez mais amplo, demandando mais flexibilidade e agilidade dos profissionais de RH.

O DESAFIO ATUAL EM RELAÇÃO À SUSTENTABILIDADE

Os recursos básicos para a sobrevivência do ser humano, como terra, energia e água, estão ficando cada dia mais escassos e limitados. Há um esforço global de diversos atores da sociedade para que os recursos naturais sejam considerados e entendidos como finitos. Cobra-se das corporações, principalmente, mais responsabilidade e consciência.

Há um desafio gigante nos negócios do futuro que é o da sustentabilidade. A gente está olhando e falando: e agora o que é que a gente faz?

Então, ser uma grande empresa não é demérito nenhum. Mas, em contrapartida, o que é que se está entregando para a natureza e para a sociedade?

O mundo está em mutação, a sociedade despertou e as pessoas exigem cada vez mais que a sustentabilidade faça parte da essência e dos propósitos das empresas e não só dos discursos dúbios, lapidados por fantasiosas estratégias de marketing. Meu amigo Humberto Mariotti, médico, psicoterapeuta e pesquisador em Ciências da Complexidade, atribui, em *As paixões do ego*, ao capitalismo selvagem e nada consciente, além de resquícios da cultura patriarcal, a disseminação de doenças e o sentimento de sofrimento destacados pelos entrevistados. Está aqui o cerne da falência do modelo atual de governança.

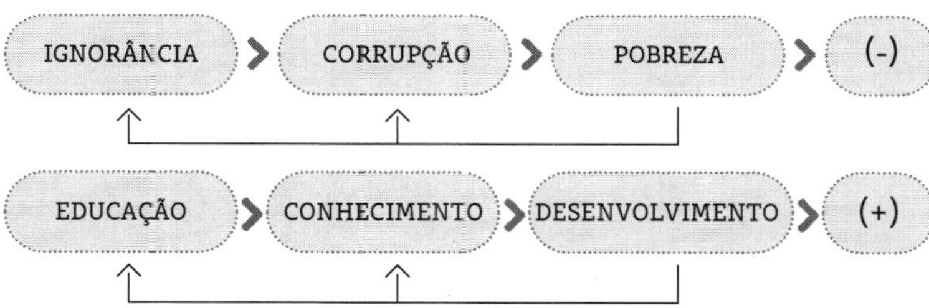

Fonte: Humberto Mariotti

Os entrevistados foram unânimes em relatar suas percepções de que o modelo atual de organização está falido. A fome de lucro a qualquer preço, saciada pela competição exacerbada, repele a confiança, exaure a ética, reprime a verdade e gera uma fuga da nova geração de profissionais, receosos dos efeitos nocivos. Notícias diárias destacam a criação de empreendimentos baseados em outras regras de relacionamento interno e externo, que espremem o caminho para o que poderíamos chamar de ruptura e novos paradigmas.

> *O mundo corporativo está completamente, eu diria, falido no sentido moral. Porque há uma extrema preocupação com o resultado e com o lucro – que é legítimo e eu*

respeito –, mas sem abrir mão de nada. Não há uma troca com a sociedade, uma troca com o indivíduo.

O resultado a qualquer preço constrói uma cultura insustentável. As pessoas são descartáveis e ninguém confia mais em ninguém: você não confia nos seus funcionários, seus funcionários não confiam em você. Então a base da confiança, que é mínima, que é consistência, coerência, verdade e honestidade é completamente maquiada pelos instrumentos de uma gestão falida.

O barril de pólvora está cada vez mais cheio, de acordo com os relatos. Estamos à beira de um colapso, próximos à exaustão.

Um clima de competição, de não cooperação, de eu tenho que cuidar do meu, tenho que entregar o meu resultado, então desculpa, não tenho tempo para te ouvir, para te ajudar no teu resultado. Porque vou ser cobrado pelo meu.

As regras de uma nova economia, pautada por uma produção, um consumo e um descarte mais conscientes, não estão claros, mas já servem como insumo para fortes reflexões e revisões estratégicas.

Existe um questionamento que ninguém sabe ainda como resolver. Eu não preciso trocar de celular a cada seis meses, nenhum ser humano precisaria. Mas, aqui na indústria, eu preparo um projeto já pensando qual vai ser a evolução e lanço quatro aparelhos em dois anos.

O mundo empresarial precisa ser revisto de ponta a ponta. Há duas grandes engrenagens que se retroalimentam e se autodestroem hoje no mundo empresarial. Uma delas é o fato de que o vetor financeiro é o mais importante, mais relevante, mais crítico, mais do que qualquer outro. Pode ter o discurso que quiser – dos clientes, dos empregados, da sociedade, da sustentabilidade, do diabo a quatro –, mas, na verdade, o que conta é o Bottom Line. A segunda engrenagem é a crença de que tem que crescer sempre. Eu não sei quem inventou isso ou por que se inventou isso, mas nada na face da Terra cresce de forma ilimitada. Não existe isso. É assim que essas duas engrenagens se retroalimentam e se destroem: o resultado financeiro me força a crescer para ter mais resultado e é essa a pressão que você coloca sobre um sistema vivo, que é a empresa, para crescer sempre.

É dessa lógica do resultado financeiro e do crescimento ininterrupto que nascem as distorções contemporâneas, que convidam indivíduos e organizações a refletir e a agir de forma mais consciente. Como diz Maturana e Yánez, nessa era psíquica pós-pós-moderna da humanidade a principal pergunta é: *como estamos fazendo o que estamos fazendo?*

Essa preocupação está presente nas organizações. A transição, ainda que de forma aparentemente lenta, já está em curso. E não tem volta.

Porque a tendência da empresa é tentar se preservar, mas eu acho que a sociedade e o mercado forçarão essa transformação.

E, mesmo que tímidas e talvez inconscientes, algumas saídas começam a se formar, segundo o relato de vários líderes:

O maior problema da gestão está na ausência da capacidade de conversa.

As relações ainda são baseadas nas relações contratuais de trabalho, você ainda tem um apelo muito pequeno do ponto de vista de uma motivação de propósito.

Porque eu acho que esse modelo que a gente vive hoje, fora exceções, é um modelo tradicional hierárquico e eu acho que ele é falido, totalmente falido, mas a resistência dele é muito grande, porque apesar de falido ele existe. Mas eu acho que está cada vez mais claro que as organizações que quiserem funcionar nesse estilo de comando e controle logo deixarão de existir.

É tanta rigidez que não se inova dentro das corporações.

O DESAFIO ATUAL EM RELAÇÃO AO MODELO MENTAL

Os relatos reforçam que o modelo atual sobrevive graças ao comportamento e *mindset* dos gestores – em particular, da média e alta gerência que rejeitam novas formas de aprendizagem, bem como o desenvolvimento das pessoas e do ambiente. Gestão de pessoas ainda é um discurso a ser praticado e não um propósito dentro das organizações. O líder de Recursos Humanos se sente na obrigação de abraçar seu papel paternalista, atuando como o último guardião de valores que deveriam estar na essência da organização e inseridos no papel do líder. O medo do novo gera dores que muitos executivos se recusam a enfrentar.

> *A mudança da mentalidade é dolorosa. Na minha visão, a liderança que nós temos hoje nas organizações é muito resistente a esse processo, até porque é preciso abrir mão de conceitos até ontem difundidos e isso significa em muitas situações abrir mão um pouco desse controle, desse poder sobre as pessoas.*

> *Nos níveis de média gerência, já existe um pouco mais de resistência e até talvez dificuldade para aceitar esse processo de transformação, mas talvez precise de um pouco mais de tempo, e é uma digestão mais, mais gradual.*

> *Eu quero treinar os líderes da minha organização, na empresa inteira, o suficiente para que eles sejam seus próprios RHs. Eles vão fazer mestrado de gestão de pessoas. Eles têm que aprender isso.*

Protagonismo e *accountability* são competências a serem trabalhadas em toda a organização. É quase um círculo virtuoso.

> *As organizações estão tão massacradas do ponto de vista de pressão por resultado e de foco no imediato, que o líder delega um pouco e acha que está deixando de fazer bem o papel de liderança de pessoas. Recursos Humanos chega como alguém que está sempre advogando em causa da necessidade da boa gestão de pessoas, então ainda é um guardião.*

A maioria dos entrevistados considera que chegou o momento de "fazer mais e falar menos". Eles entendem que é preciso criar uma ruptura no modelo de gestão atual; diminuir o gigantismo das nossas empresas, transformando-as em empreendimentos menores e mais flexíveis; e estabelecer uma relação com os profissionais menos contratual e mais repleta de significado e propósito. É chegada a hora de construir organizações com metas mais nobres e socialmente mais relevantes; de criar sistemas mais colaborativos; e de gerenciar por meio de indicadores mais holísticos, baseados em alta confiança e autodisciplina.

Se as organizações não se reinventarem, dificilmente sobrevivem em um ambiente como esse. Então, esse movimento vem de fora para dentro. Por mais que se resista, alguma coisa vai ter que ser feita, ainda que seja fechar as portas.

O DESAFIO ATUAL EM RELAÇÃO AO MODELO DE RH

Essa visão crítica não se limita à gestão das corporações, mas também às práticas das áreas que lideram. Elas são percebidas como sem valor por responderem a esse pensamento ultrapassado. A lucidez, assim como a frustração, transparece nos relatos de diversos entrevistados, como apresentado a seguir.

Eu acho que nós estamos bem perdidos, sinceramente, eu acho que estamos, e todo sistema está, milking the cow, *quer dizer, nós continuamos vivendo do leitinho da vaquinha da década de 1990.*

Estou aqui sustentando um velho que está morrendo. Estou dando eletrochoque, botando marca-passo e fazendo não-sei-mais-o-que para o coraçãozinho continuar batendo, quando deveria estar sustentando o novo.

> *A estrutura hierárquica, o modelo de remuneração de uma forma geral, o sistema de gestão de desempenho, a atração de talentos e todos os modelos que a gente tem, ou que a gente se acostumou a usar, estão perdendo o prazo de validade. Por que eu falo que estou sofrendo? Porque a gente sabe que eles não são mais os ótimos ou os melhores ao momento atual, mas ainda não surgiu nenhum modelo que se possa utilizar em certa escala.*
>
> *A gente já sabe que o que existe hoje não é legal, mas ainda não tem nada que possa levantar como uma bandeira.*
>
> *Recrutar é um pedaço da equação. O outro pedaço é formar um modelo de gestão que permita florescer esses talentos, isto é, criar um ambiente correto para que esses talentos cresçam. Então, de novo, o gestor de RH precisa entender quais são os* drivers *do negócio, que perfil ele tem que ter na organização e como é que ele implementa o modelo de gestão que permite o florescimento desses talentos.*

A falência do modelo de RH não está isolada; ela segue claramente a visão do modelo organizacional.

> *Você acha que tem algum CEO preocupado de verdade com felicidade hoje? Eles estão preocupados com resultado e produtividade.*

Pensar com a cabeça do negócio, como clamam alguns, é visto como uma contradição. Para os entrevistados, de um lado perde-se a capacidade da visão e da transformação e, de outro, o diálogo com os executivos. Essa dualidade foi colocada da seguinte forma:

Se eu for igualzinha ao meu CEO, o RH acaba. Se em algum grau eu não for semelhante a ele, não consigo ter diálogo.

A falência também é explicada pelo excesso de olhar para o diagnóstico em contraposição à capacidade de implementar e executar tais iniciativas. Há uma clara ansiedade por tratamentos mágicos, mas alguns já percebem que isso não passa de uma doce ilusão.

Acho que o RH hoje ainda não está nessa posição de saber o que quer. A gente está tateando o caminho. Tem muitas boas iniciativas, muitas boas experiências, mas não acho que exista uma ideia consagrada e talvez nem vá existir, talvez pela própria velocidade e dinamismo.

Os fóruns de RH não me atendem mais. Infelizmente. Eu até me distanciei desses fóruns, porque existe ainda uma preocupação muito grande nos instrumentos de gestão e já existem algumas vozes que questionam esses instrumentos completamente ultrapassados. Eu acho que a academia de Recursos Humanos ainda está presa a formas muito tradicionalistas e não está vendo essa evolução da espécie.

É muito mais fácil ficar aqui esperando o cliente falar o que ele precisa, porque eu não tenho o trabalho de pensar, de analisar.

Estou bastante desanimada com a área, porque acho que perdemos a onda da qualidade que poderia ter sido de RH.

A postura passiva e de pobre repertório foi apontada pelos entrevistados como a causa do RH não ter apoiado e acompanhado o movimento de qualidade no passado e, atualmente, o da sustentabilidade e da inovação. Os relatos reforçam que essa vulnerabilidade de competência e a miopia de só se olhar para dentro, ignorando a diversidade e a complexidade do cenário, contribuem fortemente para a falência do sistema atual.

> *É por isso que você vai ver gerente ou diretor de Recursos Humanos que não agrega valor para a organização, porque o que ele sabe fazer é treinamento, é fazer folha de pagamento e recrutamento básico. Ele não consegue linkar a estratégia da empresa para onde ela precisa ir.*

> *Por que a maior parte dos programas de trainees falha? Eles contratam os melhores talentos, põem para dentro da organização e, depois de dois anos, 80% desses caras vão embora. Por quê? Porque a organização não está pronta para reconhecer a capacidade. Ela trabalha em um modelo mental diferente, então esses caras não se sentem valorizados e vão embora. E você investiu e perdeu um monte de dinheiro nesse negócio.*

Outras evidências da falência do modelo se relacionam a dois dos papéis destacados por Ulrich: o de especialistas administrativos, com uma prática excessivamente operacional, e o de defensores das competências e contribuições dos colaboradores, em uma abordagem mais paternalista e protetora. As consequências desse *mindset* já não se limitam à organização.

> *Os RHs mais tradicionais estão ficando sem emprego. Estão sendo demitidos e estão com dificuldade de se recolocar. E você está olhando os líderes de RH começando a vir cada vez mais de outras áreas.*

As opiniões desse grupo de líderes enfatizam que a falência do modelo de RH também está diretamente ligada às competências e perfil do executivo da área.

OS SINAIS DO NOVO MODELO DE ORGANIZAÇÃO

É óbvio para todos os entrevistados que a transformação das empresas acompanha uma mudança maior. As organizações são sempre o retrato ou o espelho da sociedade, ainda que em outra velocidade. Eles revelam sinais evidentes de um novo modelo de empresa:

• Organizações menores em formato de células, interligadas em rede, fluidas e em sistema aberto.

• Metas mais nobres e relevantes por meio de indicadores que avaliam o desempenho social, ambiental e financeiro.

• Sistemas de relações mais colaborativos em toda a cadeia de valor. Forte presença do conceito de comunidade e cidadania.

• Ausência de hierarquia e liderança e presença de colaboração com agrupamentos de indivíduos autônomos, empreendedores e com mesmo propósito.

• Foco em inovação pelo uso abusivo da diversidade, multiculturalidade, conflitos e conectividade, dentro e fora do empreendimento.

Embora o futuro seja incerto, os entrevistados relataram o que já conseguem visualizar:

As empresas estão se transformando, mas a sociedade está mudando muito rápido. É uma combinação de mercado e sociedade que é poderosa.

Não tem mais espaço para fingir, mentir ou ignorar, como corporação, como empresa, como sociedade, como entidade.

Eu vejo uma empresa de seres humanos inteiros, ali presentes com alma, com vontade, com diversidade. E diversidade entendida no sentido correto, com ambientes de conversa e de conflito – porque o conflito para mim é um elemento extremamente poderoso para criar inovação. Para isso, o senso de propósito dessa empresa precisa ser muito mais rico do que a questão meramente financeira.

A empresa do futuro é uma empresa que encontra um ponto de equilíbrio mais rico e mais diverso do que apenas o seu resultado financeiro como ela é hoje.

Eu vejo uma organização muito mais leve e muito mais maleável. Vejo organizações mais dinâmicas, trabalhando por células, por projetos, por desafios, e com muito mais autonomia. Eu enxergo o futuro com organizações mais soltas e menos estruturadas.

Há empresas que estão se reinventando e reinventando o emprego. Ela é uma célula, é um negócio louco, porque como em uma mudança química, ela se altera, se adapta. É um conceito de trabalho muito diferente, então eu sempre fico me perguntando: será que esse é um movimento radical ou ele vai conviver com vários mundos? Eu acredito mais nessa alternativa.

Eu imagino uma coisa muito mais circular, muito mais orgânica mesmo. Muito menores, porque eu não acredito em organização grande. Essas megacorporações para mim deixarão de existir e se transformarão em pequenas organizações que funcionam mais por célula, mais por projeto, mais por job do que por grandes metas. Então, todo sistema de gestão de resultados muda completamente, porque é outro jeito de medir, definir um orçamento, acompanhar metas em um mundo que é absolutamente dinâmico.

O REDESENHO DO RH

Para esse novo modelo de organização, o RH também precisa ser redesenhado. Os líderes entrevistados mostram consciência dessa mudança, pautada por indivíduos mais autônomos, colaborativos, informais. A hierarquia é praticamente extinta, enquanto o conhecimento torna-se parte fundamental de um jogo em que o propósito integra e liga as pessoas. Os relatos a seguir reforçam essa visão e enumeram movimentos necessários:

Para a empresa grande conseguir concorrer no futuro com as alternativas de autorrealização que as pessoas terão, ela precisa permitir o espírito empreendedor e entregar um significado de pertencimento para essa pessoa.

Para reduzir níveis hierárquicos, você precisa empoderar a turma que está na ponta, precisa fazer com que a relação entre as pessoas na empresa seja melhor.

O conhecimento compartilhado permite uma evolução muito grande em termos de resultado. A inovação vem de baixo para cima.

As relações de trabalho vão ser menos formais. Você não necessariamente precisa de uma relação fixa trabalhista, mas o seu conhecimento será o bem mais precioso.

Líderes mais preparados, pessoas mais preparadas, como uma evolução da sociedade no sentido de enxergar as coisas de uma forma muito mais construtiva, mais colaborativa. Eu acho que cada vez mais a colaboração vai ser a tônica de tudo que a gente vier buscar na sociedade.

Os entrevistados apontam dois caminhos fundamentais para a mudança: o primeiro é a postura e o posicionamento dos líderes de primeiro nível; e a segunda direção é pelo aumento da consciência, da maturidade e da participação das pessoas na organização. Os depoimentos destacados abaixo evidenciam esses aspectos:

Você muda uma empresa alterando a cultura da organização: mudando as principais lideranças, a forma como você reconhece e premia as pessoas, como você demite e contrata, como você valoriza as pessoas. Isso é gestão, que tem a ver com a cultura da organização. Essa mudança de chave passa pelo primeiro n ível de comando.

Cada vez mais a gente parte menos para uma linha patriarcal e muito mais para uma linha matrística, por mais que possa parecer uma loucura.

A mudança de comportamento e postura não se limita à liderança ou aos funcionários. Os 15 executivos experientes e maduros não poupam críticas às suas áreas e revelam que há uma verdadeira crise de identidade em RH, cuja solução é resolvida com um olhar para fora e não para dentro, como normalmente se faz.

Hoje a gente tem respostas, mas não sabe as perguntas. Eu tenho resposta para tudo, mas não sei as perguntas, consequentemente o problema não é resolvido.

Temos que nos reinventar porque somos os agentes de mudança das organizações. Elas nos contratam para que a gente traga soluções e a solução é pensar diferente.

Então, de novo, a estratégia da Gestão de Pessoas é decorrente da estratégia da empresa. Ela não pode estar descolada, não pode estar alienada.

Primeiro é preciso descer do salto, descer desse pedestal de que nós somos os detentores das melhores decisões, das melhores alternativas, dos procedimentos, dos caminhos, das rotinas.

É uma área que vai ser extinta, ela tem que ser extinta na forma que ela está hoje. Não existe essa coisa de RH estratégico, de não sei o quê. Eu vejo que tem que ter uma mudança bem profunda na forma como se faz gestão de gente.

Boa parte dos entrevistados é adepta da "campanha do fim do RH". Eles vislumbram um futuro em que a área não deverá mais cuidar das atividades operacionais e transacionais, tampouco abrigar um contingente tão grande de especialistas em segmentos de RH, reforçando os movimentos do desapegar e do doar.

Hoje existem ferramentas tecnológicas que substituem e automatizam o centro de serviço e permitem que o próprio usuário faça a gestão dentro de um sistema amigável.

Na minha humilde opinião, o diretor de Recursos Humanos vai desaparecer como função estratégica.

A Liderança de Pessoas será a pedra fundamental da habilidade de gestão do diretor de indústria, do diretor de finanças, do diretor comercial e assim por diante.

Não precisa de um RH para te falar que você deve promover ou não. A gestão de talento é uma missão sua enquanto gestor. Se vai promover, se vai dar um aumento, se vai passar a faixa, se vai contratar, que treinamento vai dar, como vai desenvolver. Eu acho que essas coisas são coisas que estão no job description de cada gestor.

A gente vai ter uma gestão de RH mais científica. Por quê? Porque a gente vai ter mais informação na mão, globalização no ambiente de trabalho.

Diretores de RH indo e voltando de Unidade de Negócio, porque a diferença vai ficar tão pequena entre as habilidades que são necessárias para essas posições que vai desaparecer a necessidade de você ter um especialista de RH.

Quando abordamos os papéis de agente de mudança e parceiro na execução da estratégia como Ulrich definiu, aparece claramente uma outra configuração, que reforça a identidade do **designer organizacional**. Esse profissional tem um novo conjunto de comportamentos e habilidades capazes de construir soluções em parceria com os gestores e executivos. Contempla tanto o caráter técnico e científico quanto a natureza artística e criativa. Afinal, vivemos em um ambiente de extrema complexidade, em um contexto caótico. E isso foi apontado pelos entrevistados:

Qual é a quantidade de informação dentro da avaliação e como o RH pode canalizar isso?
Eu só sou uma canalizadora.

É preciso sair da zona de conforto e ir ao front desenvolver, perceber, antever situações, mas não como o dono da verdade, e sim como alguém que caminha junto, percebe e pode contribuir.

Acho que RH carece de gente bem preparada. É generalista demais, não entende nada e há um monte de pessoas que mais dão palpite do que de fato vêm com metodologias e com conceitos. RH é um grupo fraco tecnicamente, na própria profissão.

Eu imagino desenhos organizacionais muito mais simples, de estruturas não gigantescas, e é óbvio que os processos, quaisquer que sejam eles, serão muito mais simples de serem operados.

O que se espera da área, ou pelo menos deveria se esperar, é que Recursos Humanos aponte exatamente quais os caminhos para poder chegar nesse estágio de autonomia, de velocidade, participação, de maior engajamento das pessoas por meio desses valores.

Não acho que estamos preparados. Por falta de formação filosófica, antroposófica, espiritual, social, o que for.

Se eu não tiver entendimento da cadeia de valor de ponta a ponta, a minha contribuição já fica num apêndice. Então, eu acho que o profissional do futuro precisa entender como a empresa gera dinheiro, gera valor econômico e, se eu entendo isso, meus pares entendem isso em todas as áreas. Não preciso mais ser aquele RH, eu já entendo o contexto no qual eu vou dar valor e contribuição, que é o arquiteto das relações, o facilitador das relações, o que inspira as pessoas a se conectar umas com as outras.

Primeiro se adaptar a essa nova realidade. Eu acho que os líderes de uma forma geral, não só de recursos humanos, vão ter que ter uma flexibilidade intelectual e uma capacidade de ouvir muito aguçada, uma humildade muito grande, porque eu acho que as demandas vão crescer numa velocidade grande.

Vejo um RH superempreendedor, que usa os recursos que estão à disposição para construir e inovar, que sai do padrão de ter que contratar para fora para poder colocar para dentro.

Você precisa ser muito bom em se posicionar, em trazer dados, em ser alguém que esteja aberto a sofrer esse embate e a buscar respostas em linhas com a angústia do negócio.

Enquanto o executivo de Recursos Humanos não tiver condição de liderar a discussão, ele nunca vai ter o espaço que precisa ter. Tudo que ele vai fazer é decorrente da falta de entendimento do negócio, da falta de entendimento da prioridade do negócio. Então o executivo de Recursos Humanos do futuro não é um cara que cuida de pessoas, ele é um cara que cuida de gestão. Ele é um cara de negócio.

Eu acho que é um profissional que tem uma alta capacidade de se adaptar, mas também de ler cenários e se adaptar a esses cenários, e que tenha também firmeza de propósitos.

E se você não está pronto para tomar decisões duras, você não vai conseguir fazer a transformação. O processo de evolução é muito difícil.

É uma obrigação da nossa parte promover mudança, porque a organização que se estagnar não chega do outro lado. Não estou falando de rupturas importantes, mas de um processo contínuo de mudança, de melhora contínua, e isso passa exatamente por não se ver como um simples representante da situação atual, mas um agente de transformação.

É conhecer o negócio, o mercado, o produto, o cliente e os concorrentes. Eu acho que RH ainda olha muito para dentro, o RH completo é aquele que olha para fora.

Em um mundo tecnológico, as habilidades humanas tornam-se ainda mais importantes. Os entrevistados destacam a coragem, a resiliência e a capacidade de execução como comportamentos esperados do profissional de RH do futuro.

Precisa ter força, resiliência, coragem, preparo. Precisa ser gente conectada. Eu acho que tem que ter capacidade de executar, de implementar coisas, de reavaliar e voltar, que é uma deficiência atual do RH. Fala, fala, fala e na hora de botar em prática tem muita dificuldade.

Um cara sensível, intuitivo, elevado, uma alma elevada e processual. Tem que ser um Engenheiro de Processos.

Eu acho que é possível fazer um trabalho em que você tem seu ego dominado, trabalhar sua capacidade de

> *empatia, de aprofundamento, de ouvir, de escuta, de articular. Eu acho que é possível, sim, ter esse cuidado com o outro, esse olhar de compaixão, o olhar com a alma. É a capacidade de ser verdadeiro, de colocar o servir à frente de tudo e de todos.*

Uma entrevistada seguiu com a profunda reflexão:

> *Eu estou a serviço de quem? Estou servindo a verdade ou eu estou servindo esse CEO? Quem eu estou servindo? A serviço de quem eu estou? Isso para mim define muita coisa. É preciso olhar o outro na sua humanidade, olhar com sensibilidade o humano dentro da Organização.*

A NOVA IDENTIDADE

É claro que eu saí profundamente incomodado das 15 conversas que tive e, por esses relatos, você imagina o motivo. Meu *sentir* era antagônico: ora sufocado pelas angústias de um modelo falido; ora otimista pela clara sensibilidade e visão dos líderes ouvidos. Os entrevistados manifestaram satisfação com o processo quase terapêutico a que foram submetidos. Muitos definiram a entrevista como provocadora por gerar reflexões e desconfortos.

É evidente que as organizações e seus funcionários, do chão ao topo, estão na UTI, completamente despreparados para lidar com o cenário complexo. A demonstrada consciência da liderança de RH é insuficiente para criar anticorpos.

É preciso redesenhar a cultura organizacional, reinventar a identidade do RH e, então, suas práticas. Essa mudança é desafiadora também pela carência de espaços de desenvolvimento para esses profissionais no Brasil. A literatura é pobre, poucos são os autores consagrados no assunto e faltam instituições de renome e com papel de relevância, além de periódicos técnicos e científicos. É preciso também eliminar esse nome "Recursos Humanos", que remete a um passado distante que pouco tem a ver com o futuro. Vejo esse profissional como um **designer organizacional**, mas o mais importante é que essa posição esteja associada à onda de inovação – no título, na essência e no propósito.

O diagnóstico também nos traz um caminho para o desenvolvimento desses novos comportamentos:

- Profundo entendimento da cadeia de valor da empresa em que atua.
- Amplo domínio das ferramentas de análise de cenário e de desenho organizacional (processos, produtos e pessoas).
- Consciência da missão de servir a um propósito que inclui conceitos de disponibilidade interpessoal, firmeza de posicionamento e abertura para inovação e protagonismo.
- Abrir mão de uma relação tratada no contexto contratual para uma relação mais harmoniosa e de satisfação para as duas partes, independente da duração.

Acredito sinceramente que, como **designer organizacional**, o profissional de RH é capaz de superar a crise de identidade e administrar a ansiedade de conviver nesse cenário caótico e sem respostas únicas. Consegue abrir um profundo diálogo com os grupos de dentro e de fora das corporações para redesenhar o modelo. E é desse diálogo, conduzido com profunda e verdadeira abertura como nunca antes feito, que surge uma proposta de valor coerente com o negócio e, principalmente, com as pessoas.

O **designer organizacional** também atua em um dos principais dilemas atuais: na preocupação excessiva e desmedida com o resultado imediato. Sabe por quê? Ele ajuda as empresas e seus executivos a ampliarem a percepção dos fatos, a entenderem o cenário e as relações e a fazerem escolhas mais conscientes e éticas. Ainda sob essa identidade, o RH é capaz de responder aos seguintes desafios:

• Preparação de líderes, conscientes e exponenciais que colaborem para a criação de um ambiente de trabalho diferenciado.

• Tornar, como incentivam Maturana e Yánez, as empresas empreendimentos atrativos e admirados, que estimulam o pensar, o refletir, o protagonismo e a cocriação.

• Manter as empresas fluidas, coerentes e verdadeiras.

• Promover uma profunda reflexão estratégica e a criação de uma nova identidade capaz de estar em total sintonia e consciente desse novo contexto, e que cumpra o propósito de ajudar a desenhar e implementar novos modelos organizacionais.

• Ter um posicionamento assertivo e estratégico, apartado da estrutura formal, capaz de garantir o apoio aos executivos nas escolhas e decisões ao mesmo tempo que o confronto de ideias para a ampliação de percepção.

• Ter concentração e energia no que é *core*, ou seja, uma visão ampla sobre o sistema organizacional e abandono das atividades operacionais e transacionais.

• Usar a tecnologia como aprendizado e plataforma de conhecimento para conectar as pessoas (talentos internos, clientes e stakeholders), criação de módulos de aprendizagem e visibilidade para os talentos.

Como já mencionado, a ruptura não se dá somente no modelo, mas também pelas pessoas. Essa jornada só é realizada com uma transformação das competências e habilidades dos profissionais de RH. Clama-se por um novo perfil, capaz de escrever uma nova história e desenhar, literalmente, um novo caminho. É nisso que precisamos nos aprofundar.

As sementes estão plantadas; cabe ao profissional de RH trabalhar urgentemente esta terra. Nesse mundo veloz em que vivemos, há muita gente de olho e disposto a promover um crescimento exponencial – para si e para a companhia onde trabalha.

O FLORESCER DO RH

Quero voltar à história daquele grupo de subversores de uma empresa de tecnologia, que acreditava no poder do Design Thinking. O inconformismo deles virou um projeto-piloto, que encantou diretoria e clientes e deu lugar a um *hub* de soluções. A equipe cresceu junto com a credibilidade da proposta e passou a pensar a experiência do cliente – externo e interno também.

Aquele time de subversores não assumiu o papel de **designer organizacional**, não por falta de competência, mas porque sua proposta hoje dentro daquela companhia é outra. Eles viraram um laboratório de experiências, com esforços e potencial direcionados a vários públicos, seja por decisão estratégica ou de maturidade da cultura daquela empresa.

Chamo sua atenção para o fato de que o papel do **designer organizacional** pode ser exercido pelo RH ou por outra área. Entendo que a primeira opção é a mais coerente dada a história, o conhecimento e a experiência que o RH carrega em gestão de pessoas.

Essa posição, no entanto, precisa ser conquistada por meio da lapidação do *mindset* e dos *skills* dos profissionais da área.

A METAMORFOSE

Como visto, o grupo de executivos que consultei para minha dissertação questionou a qualificação dos profissionais de RH. Infelizmente a crítica não está descolada da realidade. E por vários motivos.

Ao longo dos anos, o departamento foi invadido por uma geração jovem, que não foi necessariamente atraída pelos desafios da área, mas pela oportunidade de emprego. O movimento, que não se restringiu ao RH, ficou conhecido no mercado como *juniorização,* isto é, as empresas optaram por ter uma mão de obra mais jovem, menos experiente e, por isso mesmo, mais barata. De acordo com levantamento da *Você RH*, entre as 150 Melhores Empresas para Você Trabalhar de 2015, apenas 23% do time de RH tinha mais de 40 anos.

A equação é simples: as margens de lucro caíram e todos precisaram se ajustar – principalmente as áreas com baixo poder e influência, como o RH. E não há motivos para jogar pedras nos chefes de negócios que tomaram essa decisão. Quando temos um grupo com uma atividade majoritariamente operacional, não há necessidade de grandes investimentos ou uma formação exemplar. Também significa que os profissionais mais maduros e mais experientes não desempenhavam a função estratégica, orientada ao negócio, que lhes cabia.

O que eu vejo nos cursos de formação que conduzimos na Ornellas Consultoria, quando visito as empresas ou quando participo de congressos e palestras, é que o conhecimento e a expertise em gestão de pessoas foram embora das organizações, dando lugar a profissionais com menos bagagem, menos orientados por uma formação consistente e até menos dispostos a um mergulho conceitual.

A consultoria de remuneração Carreira Mueller promove periodicamente um estudo sobre o perfil do RH. São ouvidos cerca de 3 mil profissionais de mil empresas do país. A última edição destacou que:

- Apenas 41% dos profissionais falam inglês;
- Quase 70% se informam pelas redes sociais;
- Metade dedica somente 1 hora do seu tempo aos estudos.

No passado, o retrato foi ainda mais contundente, reforçando a falta de leitura, o propósito no poder e na influência estratégica e a intenção de deixar a área.

Generalizações à parte, a fotografia reforça o perfil do profissional com repertório estreito e limitado às atividades operacionais ou especialistas. As premissas e modelos da velha administração tradicional ainda imperam em um círculo de profissionais com pouca experiência profissional e multicultural.

Dentro deste cenário, como se pode exigir visão de mundo e um olhar holístico, quando os profissionais se mantêm agarrados a um velho *play book* com propósito ultrapassado? Como promover a mudança quando os prováveis agentes se sentem claramente engaiolados em uma carreira com pouca atratividade?

Onde quer que vá, levanto sempre essa discussão. Entre as percepções que coleciono, uma das mais ricas foi trazida pelo consultor e **designer organizacional** João Cândido, sobre sua visita ao mais importante evento da área no país, o CONARH 2017. Disse ele:

A ampliação da consciência sobre as transformações disruptivas pelas quais passam os mundos dos negócios e do trabalho foram parte das luzes presentes no encontro. O tema, que até então vinha margeando os últimos encontros, entrou desta vez pela porta da frente. Pareceu-me que os profissionais e executivos de RH, assim como os CEOs e demais gestores, avançaram alguns passos na curva da mudança, já que não se pode mais, pelo menos para uma parcela importante, manter-se na negação.
Essa negação, parte das sombras, apresentou-se no evento de diversas formas: de expressões como "isto é coisa do futuro, preciso sobreviver ao hoje", ou "são inovações do mundo desenvolvido, o Brasil está longe disso", ao market place, que ainda oferecia soluções criadas para moldar o recurso humano como uma máquina executora.

AS RAÍZES DA CARREIRA

Ramsés Abdul Ghani, Global Talent Partner da IBM Watson, poderia fazer parte das estatísticas. Ele ingressou na companhia quando ainda cursava Administração. Na conversa que tivemos, quando visitei a sede da IBM Watson em Nova York, ele recordou que, em um primeiro momento, ele não **escolheu** essa carreira, ele foi **escolhido** para o RH. "Recursos Humanos eu não queria. Não tinha visibilidade alguma do real impacto da área. Eu queria estar na IBM, o nome e a marca me chamavam atenção, e eu vi no RH a minha porta de entrada."

O relato dele é muito sincero e muito real: RH dificilmente é a primeira opção dos universitários. A diretora da Associação Brasileira de Recursos Humanos (ABRH), Françoise Trapenard, me explicou que os cursos "falam de Liderança, de Gestão de Pessoas, de Psicologia do Trabalho, de Sociologia do Trabalho, mas não de uma área de Recursos Humanos, suas estratégias e seus dilemas". A entidade vem trabalhando essa questão. "Isso é uma falha na formação, na qual a própria ABRH e outras instituições têm tentado atuar e sensibilizar as universidades", reforçou.

Em uma sociedade muito influenciada pela cultura patriarcal, há ainda a influência de outro fator. "Falta-nos glamour. É muito mais interessante trabalhar com Marketing ou Finanças do que trabalhar em RH", destacou Trapenard. Essa é a falta de visibilidade que o executivo da IBM comentou. A nova geração não enxerga a complexidade e o nobre propósito da área. Muitos estudantes veem somente a oportunidade de entrar em uma corporação e não o trampolim para o topo. Ghani reescreveu essa história: tornou-se um profissional baseado em Nova York, cheio de planos e brilho nos olhos.

Por um lado, o movimento dele remete à própria história da corporação em que atua, que passou por várias reestruturações ao longo dos anos, que impactaram não só produtos e serviços, mas a maneira de fazer e enxergar negócio dentro e fora de casa. A IBM deixou de ser uma multinacional para se tornar uma empresa globalmente integrada, o que lhe confere mais agilidade e dinamismo que os tradicionais elefantes brancos. Isso nos mostra que, quando o modelo de negócio muda, a gestão de pessoas, que é um espelho, acompanha. Esse processo desenrolou-se de forma agressiva dentro empresa. A maturidade para redesenhar colaborativamente uma ferramenta de performance, como relatado no terceiro capítulo, é prova suficiente disso.

Em paralelo, é preciso valorizar também a visão e o potencial do próprio profissional, que abriu mão dos filtros iniciais, abraçou a oportunidade e enxergou a influência e o impacto que a área pode ter. Ghani investiu nessa aposta por meio de um MBA e outras formações. Demonstrou uma postura diferente do perfil médio da área. Tem o que a especialista da Universidade de Stanford Carol S. Dweck chama de atitude mental ou mentalidade progressiva. Em seu livro *Mindset – A nova psicologia do sucesso*, ela cita, inclusive, Lou Gerstner, CEO da IBM entre 1993 e 2002, como o homem que transformou a cultura e as políticas da empresa justamente pelo pensamento progressivo, com visão de longo prazo.

A filosofia das organizações com *mindset* de crescimento é a de buscar e prosperar com desafios. E é isso que também ocorre com as pessoas, de acordo com Dweck.

> *Se você acreditar que é capaz de se aperfeiçoar, assim como fazem os que adotam o* mindset *de crescimento, estará aberto a informações exatas sobre as suas capacidades atuais, ainda que não sejam lisonjeiras. Além disso, se estiver orientado para o aprendizado, como estão essas pessoas, terá necessidade de informações exatas sobre a sua capacidade, a fim de aprender com eficiência. No entanto, se quaisquer dados sobre suas preciosas características forem vistos como boas notícias ou más notícias, como ocorre com as pessoas de* mindset *fixo, é quase inevitável que aconteçam distorções. Alguns resultados serão enaltecidos, outros, desprezados, e você acabará sem realmente se conhecer.*

Para a especialista, o *mindset* faz parte da personalidade do indivíduo e é mutável. É possível remeter sua teoria a Maturana e Yánez, que também acreditam que todo ser humano nasce com um *mindset* de crescimento, mas ele se torna fixo ao trocar singularidade e criatividade por modelos predeterminados pela sociedade, pela empresa e pelo Estado. O engessamento da área de RH, ainda muito focada nas funções operacionais, repele e frustra aqueles que deveriam ser seus embaixadores. Parece que a cultura do DP comprimiu o *mindset* da área e seus efeitos ainda são sentidos nos dias de hoje.

O Curso de Formação de Consultores foi criado, na década de 1990, com o objetivo de reverter esse jogo com um programa que incrementasse a expertise e a autoestima dos profissionais de RH. Na época, nós desenhamos o curso a partir de *feedbacks* dos líderes da área e nos colocamos o desafio de alavancar a compreensão de que a organização funciona como uma teia complexa de relacionamentos interpessoais, intergrupais e interorganizacionais em um contexto social e de alta complexidade. Essa batalha não foi abandonada, uma vez que o **designer organizacional** aprofunda essa discussão ao entrelaçar seu *job description* e sua forma de agir com o propósito de vida e de carreira do próprio indivíduo.

O TRONCO

O *mindset* de crescimento é fundamental para os interessados em se desenvolver como **designer organizacional**. De acordo com Dweck, ele é construído com consciência, perseverança e resiliência.

As pessoas me dizem que começam a se ver dominadas pelo *mindset* fixo – perdendo uma oportunidade de aprender, sentindo-se rotuladas por um fracasso, ou desanimando diante da exigência de um grande esforço. Nessas ocasiões, passam para o *mindset* de crescimento, garantindo que enfrentarão o desafio, aprenderão com o fracasso ou prosseguirão com seus esforços.

Esse também é o *mindset* do **designer organizacional**, cujo comportamento é formado por um novo conjunto de habilidades. Ele é mais curioso, é *hacker* ou um cientista de dados, é influenciador, é protagonista, é resiliente e é um leitor de cenários e tendências. Está longe de ser o controlador, teórico, especialista, proprietário, paternalista e salvador. Logo, há um *gap* claro em formação, uma vez que as escolas e a Academia ainda dão mais importância a disciplinas da Administração clássica às disruptivas, incluindo o próprio Design Thinking.

DISCIPLINAS CLÁSSICAS	DISCIPLINAS DISRUPTIVAS
Six Sigma, Balanced Scorecard, Gestão de Processos e Projetos, Automação, Logística, Implantação e operação de softwares sofisticados e Auditoria.	Cocriação, Storytelling, Desenvolvimento Sustentável, Design de Cenários, Gestão de Riscos, Coaching, Negociação e Gestão dos Conflitos, Inovação, Prototipagem, Redes Sociais, Design Thinking

A importância das disciplinas clássicas cresce em ambientes mais complicados, que exigem especialistas com conhecimentos técnicos específicos. É, porém, insuficiente para atender às demandas e necessidades que surgem em um ambiente complexo, no limiar do caótico. Com um *mindset* de abertura e ferramentas ainda pouco usuais, o **designer organizacional** olha para fora e para o futuro, olha também para dentro, isto é, para a cultura e a estratégia e se utiliza da empatia, da colaboração e da experimentação para construir desenhos que sejam sustentáveis e que gerem valor para as pessoas e para o negócio.

Sua jornada espelha-se na Teoria U, criada pelo economista e professor do MIT, Otto Scharmer. Ele propõe um profundo mergulho de conexão com o mundo, além da bolha institucional, até o fundo do U, onde há o despertar da essência, para ressurgir na outra ponta, trazendo o novo para o mundo. De acordo com Scharmer, para ingressar nessa montanha-russa, é preciso:

Mente aberta: capacidade de lidar com novas perspectivas e olhares; assimilar fatos e números de um mundo complexo e em mutação, bem diferente daquele linear e cartesiano que estávamos acostumados.

Coração aberto: inteligência emocional para reconhecer, lidar e compartilhar sentimentos.

Vontade aberta: propósito, nosso verdadeiro eu, o deixar ir e o deixar vir, fluir.

Essas premissas se encaixam perfeitamente nos movimentos que o **designer organizacional** precisa fazer:

Desapegar: abrir mão de julgamentos, preconceitos e do operacional para avançar, com ajuda da tecnologia, na ciência dos dados. Ter a mente livre, leve e solta para voar e ampliar.

Doar: entregar o protagonismo a quem merece, tratando-o com respeito e empatia, as bases do diálogo profundo e contínuo. É o profissional que se doa, se entrega e está presente.

Descobrir: ousar, prototipar e agir para além das amarras sociais na perspectiva de alinhamento com seu propósito interior e conexão com a biosfera.

Além da semelhança com as dez faces da inovação descritas por Kelley, e expostas no terceiro capítulo, gosto de adicionar, ainda, mais um filtro a essa visão, inspirado na Antroposofia – filosofia e ciência idealizada por Rudolf Steiner – e na imagem arquetípica do ser humano trimembrado, dotado das dimensões do pensar, do sentir e do querer. Quando esses três instrumentos estão alinhados e afinados, as decisões são tomadas com consciência no presente e tornam-se a fonte para a realização do futuro da organização.

Formada em Administração, Françoise Trapenard também poderia fazer parte das estatísticas. Deu, porém, um passo além: passou de *head* de RH para líder de uma organização. Sua carreira também foi impulsionada por um *mindset* de crescimento e um senso aguçado do papel do homem na indústria. "No modelo da Revolução Industrial, o ser humano era apenas uma engrenagem a mais das máquinas a vapor e esteiras rolantes, e a área de RH se limitava à pagadoria e aos controles. À medida que esse modelo se move para a Sociedade do Conhecimento, evolui também a percepção de que o real valor dos colaboradores está no intangível das ideias e de seu aprendizado e desenvolvimento. Desenvolver o negócio passa a ser sinônimo de desenvolver pessoas, e o RH é chamado a ocupar uma mesa muito ampla e estratégica. Agora que estamos vivendo a Revolução Digital e a sociedade em rede, ambos estão em profunda mudança. Não estão claros nem os contornos que os negócios terão daqui para frente e nem como será o trabalho nesta sociedade digital. Mas já sabemos que os resultados de longo prazo dependem cada vez mais do intangível: fique sem inovar e seu negócio morre; não ofereça experiências ao seu cliente e seu negócio definha, não partilhe causas e se contente com colaboradores bem pouco engajados."

Assim como ela, eu também acredito que é possível decifrar o intangível com a inteligência artificial. No emaranhado atual, o sentir humano aparece como a principal arma para unir as pontas e desenhar soluções cabíveis. "Fortalecer relações para que justamente o melhor de todos emerja e facilitar ambientes permeáveis à inovação passam a ser os grandes desafios da nova mesa da área de RH para que colaboradores e equipes atuem com autonomia e engajamento, conquistando resultados sustentáveis para o negócio".

Como as formas foram queimadas, é preciso investir em empatia, colaboração e prototipagem para encontrar o que se encaixa melhor às necessidades e demandas dos clientes internos e externos. Trapenard, mais uma vez, concorda: "Arrisco dizer que mundialmente a questão-chave para os profissionais de RH da atualidade é a de deixar de fazer coisas que fizeram seu sucesso no passado e passar a articular ambientes inovadores e relações sadias. Em outras palavras, entregar a gestão de pessoas para os líderes, reduzir o foco em processos para indivíduos e passar a facilitar ambientes e relações. Trata-se de um grande salto para o qual existem empresas que já estão, de forma pioneira, ensaiando alguns passos e outras, lá na rabeira, que ainda estão implantando processos já obsoletos em função da revolução digital e de tudo o que ela transforma no mundo do trabalho".

Ghani, da IBM, completa esse pensamento ao descrever o profissional da seguinte forma: "É um cara que não só entende de Recursos Humanos e que pode atuar de maneira consultiva junto às demais áreas, mas que entende do negócio". Entender do negócio é ir além do saber o que a sua empresa produz ou entrega, é dominar toda a cadeia e dinâmica do segmento, bem como seus impactos no contexto. Para ele, é preciso "conhecer muito bem sua área, sem deixar de ter a profundidade que precisa em RH, trabalhar de maneira colaborativa, escutar muito as pessoas e ser um mago de dados para garantir que você tome suas decisões com base em muita informação e fatos, como qualquer outro negócio funciona".

Esse é o **designer organizacional**.

O CAMINHO PARA A MUDANÇA

Enquanto os jornais alardeiam o extermínio do emprego na Quarta Revolução Industrial, o Institute For The Future, em parceria com a Dell, estimou que 85% das profissões que vão existir em 2030 ainda não foram criadas. Seu estudo traz um frescor à questão, a começar pelo nome otimista: "A nova era de parcerias homem-máquina". Ele reforça que, até 2030, uma nova convivência nascerá, na qual o humano será responsável por habilidades como criatividade, paixão e mentalidade empresarial, confiando às máquinas a velocidade, a automação e a eficiência.

O prazo definido pelo estudo é curto e, por isso, a mudança precisa começar hoje. Essa revolução de grande impacto começa pelo RH não só porque o emprego está em jogo, mas principalmente porque as lideranças e os funcionários precisam ser preparados para esse futuro.

Eu sei que assumir a identidade do **designer organizacional** para redesenhar vários aspectos das corporações pode não ser tão simples assim. Não existe uma receita pronta e ela também não pode ser alcançada à revelia de tudo e de todos – em especial, do CEO. Além disso, por exigir uma mudança de postura, ela se dá gradualmente, ainda que em uma velocidade superior a que se está acostumado.

EM PRIMEIRO LUGAR, A CONSCIÊNCIA

O sentimento de inadequação foi relatado por uma amiga da seguinte forma: "Às vezes, tenho a sensação de que me arrumei e cheguei tarde para uma festa e muito cedo para outra". Como em todo processo de mudança, é preciso aceitar que as escolhas feitas no passado já não servem mais. O ponto de partida está na tomada de consciência, definida por Fred Kofman, atual vice-presidente de Liderança e Desenvolvimento Organizacional do LinkedIn, no livro *Consciência dos Negócios*:

Consciência é a capacidade de vivenciar a realidade, de estar atento a nossos mundos exterior e interior. Permite que nos adaptemos ao ambiente e ajamos para promover nossas vidas. Diferentemente das plantas e dos animais, somos capazes de pensar e agir para além de nossos impulsos e condicionamentos instintivos. Embora a autonomia seja possível, ela não nos é dada. É preciso desenvolvê-la por meio de escolhas conscientes.

Quando não agimos de forma consciente, entramos no automático, não questionamos, não fazemos escolhas e acabamos por seguir objetivos que não são legítimos e que podem nos levar a arrependimentos e à produção de resultados que mais prejudicam do que solucionam problemas e dilemas. É isso o que acontece hoje dentro do RH e dentro das organizações. Ao refutar modelos e soluções menos tradicionais, por medo de perder o comando e o controle, as organizações mergulham em um círculo vicioso de adversidades. Os sintomas desse estilo de vida inadequado foram reforçados pelos relatos sinceros que compartilhei dos *heads* de RH, mas também podem ser percebidos em desabafos feitos diariamente no Facebook e nos corredores das empresas.

Antes de mudar, sugiro fazer uma reflexão por meio de um exercício muito parecido com o que promovi com os executivos que participaram do meu estudo. Abra mão dos filtros corporativos e da sociedade, libere o incômodo que a honestidade inflige e responda:

• As ações (estratégias, práticas, políticas e programas) da sua organização sustentam efetivamente os valores e a cultura que a sua empresa profetiza?

• Estão alinhadas às premissas de uma cultura que prioriza a escuta, o respeito e a equanimidade?

• Essas práticas de RH estão fazendo a ponte e preparando as organizações para o futuro?

• Quais os desafios que você e seus pares têm enfrentado dentro e fora de RH?

• O que tem dificultado a atuação mais estratégica da área de RH?

• Quais os maiores desafios que a sua organização enfrentará no futuro?

• O modelo atual de gestão e a governança ainda consegue responder e atender aos desafios que vivemos hoje?

• O que é preciso mudar em RH para desenhar a organização do futuro?

Ao refletir sobre esses pontos, aposto que você esbarrará indubitavelmente em muitos dilemas, situações e percepções relatados ao longo deste livro. Volte a alguns deles, se preciso. Revisite ideias e provocações. Tenho certeza de que algumas delas encontrarão eco em você. Podem até aflorar a velha expectativa de encontrar adiante uma série de receitas e dicas de como iniciar a mudança. Prepare-se: essa fórmula não existe.

Esse novo estilo de vida pressupõe a compreensão e aceitação de que a mudança que está em curso é viral, orgânica e acontece em rede. É diferente de tudo que já foi registrado pela história e está bem distante da linearidade que a humanidade estava acostumada. Por isso, não há passos definidos ou uma direção para se chegar ao melhor ou ideal caminho. O que se pode identificar são padrões emergentes – ainda assim, esses indícios passam longe de uma receita infalível a ser aplicada a todo e qualquer contexto. Esse é, afinal, um mundo realmente novo.

REPROGRAMANDO POSTURAS E ESCOLHAS

A Matriz Cynefin pode ajudá-lo a compreender esse novo habitat. Seu criador, o consultor em gestão Dave Snowden, esclarece que, em um ambiente complexo, não há respostas certas, tampouco ideias prontas. É preciso criar experimentos e aumentar os níveis de interação e comunicação. Ele reforça também que os problemas podem ser complexos, mas as respostas geralmente têm caráter simples, rompendo a crença de que somente soluções elaboradas e complicadas surtem efeito.

Para tornar mais claro, resgato as palavras inspiradoras de Tim Cook, atual CEO da Apple, ao se dirigir aos investidores após o afastamento de Jobs. O discurso, feito em um momento tão delicado para a empresa, foi reproduzido na biografia escrita por Walter Isaacson:

> *Acreditamos no simples, não no complexo. Acreditamos na necessidade de termos e controlarmos as tecnologias primárias que estão por trás dos produtos que fabricamos, e de participarmos apenas de mercados onde possamos dar uma contribuição significativa. Acreditamos em dizer não a milhares de projetos, para nos concentrarmos realmente nos poucos que são verdadeiramente importantes e significativos para nós. Acreditamos na profunda colaboração e na polinização recíproca de nossos grupos, o que nos permite inovar de uma forma que outros não conseguem. E, francamente, não aceitamos nada menos que o mais alto nível de excelência em cada grupo da empresa, e temos a honestidade de admitir quando estamos errados, e a coragem de mudar. E independentemente de quem faz o que, acredito que esses valores estão tão incorporados nesta empresa que a Apple se sairá extremamente bem.*

Eu acho inspirador e desafiador a união do simples, do leve e do essencial à excelência, ao excepcional e ao diferencial, como sugere o discurso, quase um manifesto, de Cook. O que Snowden esclarece e a Apple reforça é que o caminho se faz ao trilhá-lo. É preciso abraçar a incerteza e, com um olho no presente e outro no futuro, reprogramar constantemente escolhas e processos. As respostas nascem passo a passo, em um esforço coletivo, no qual não há somente um protagonista. Unidos por um propósito, os indivíduos, assim como as empresas, tornam-se verdadeiras plataformas, trocando habilidades e conhecimentos entre si. Esse é o conceito de rede: a organização torna-se um organismo vivo e vibrante, composto por milhares de células, internas e externas, que se retroalimentam. A jornada evolui por uma intensa, respeitosa e rica interação, como um vírus que se alastra e contagia todo o organismo.

Atenção: a nova identidade de RH, seja ela como **designer organizacional** ou não, não lhe será dada! Aguardar por essa mera formalidade é se manter alheio a uma rede latente e pulsante. Para buscar a integração, o profissional precisa resgatar o diálogo, hoje completamente limitado pela maioria das culturas organizacionais. Essa comunicação não é mais vertical; é horizontal para estimular a equanimidade e a cooperação. O diálogo pode começar em várias esferas: dentro do próprio departamento, no relacionamento com outras áreas e no engajamento da alta liderança com os dilemas do futuro. Essa ferramenta tão simples tem influência positiva na experiência que o funcionário precisa ter dentro da própria empresa e reverbera no relacionamento com os demais stakeholders (não só clientes).

O NASCIMENTO DOS DESIGNERS E LÍDERES EXPONENCIAIS

No dia 16 de fevereiro de 2017, o fundador e CEO do Facebook Mark Zuckenberg publicou um manifesto de quase 6 mil palavras aos 1,9 bilhão de usuários que compõem a plataforma. O textou começou com uma provocação:

Na nossa jornada para conectar o mundo, nós sempre discutimos produtos que estamos construindo ou atualizações do nosso negócio. Hoje eu quero focar na questão mais importante de todas: nós estamos construindo o mundo que queremos?

É essa a questão a ser discutida em todos os círculos, dentro e fora das organizações. À medida que alargamos a nossa visão do que é possível, é preciso também mudar o que realmente acontece na prática, isto é, o *modus operandi*. À medida que entramos em uma era de crescente globalização e conectividade, a responsabilidade dos líderes também se amplia. Eles não podem só olhar o negócio, mas se perguntar diariamente:

- A quem estamos servindo?
- O que estamos servindo?
- Como posso apoiar as necessidades fundamentais de funcionários, clientes, investidores e parceiros estratégicos?
- Estamos progredindo de maneira viável, sustentável e lucrativa?
- E estamos construindo o mundo no qual queremos viver?

Navegar nesse mundo complexo exige fazer escolhas para transformar recursos escassos em abundantes oportunidades para impactar de forma positiva e sustentável comunidades e gerações muito além das nossas. Não há mais a necessidade de eleger a maximização do lucro ante o apoio à sociedade. É preciso e é possível fazer as duas coisas ao mesmo tempo.

Só que, para prosperar, esse mundo exponencial exige profissionais também exponenciais. Lisa Kay Solomon, presidente e diretora-geral de Práticas Transformacionais da Singularity University, sugere que somente assim será possível construir o futuro inclusivo, equitativo, positivo e abundante em que todos nós queremos viver.

Para a especialista, os líderes exponenciais têm preferencialmente quatro atributos, que se entrelaçam perfeitamente ao perfil do **designer organizacional**.

FUTURISTA	**INOVADOR**
• Transforma surpresa em antecipação consciente, desenhando possibilidades com ousadia e otimismo. • Tranquilidade para explorar o desconhecido, questionar suas certezas e premissas e descortinar o futuro. • Combina práticas imaginativas de previsão estratégica, *backcasting* futuro, design de ficção científica e planejamento de cenários no planejamento tradicional de negócios.	• Desenvolve processos centrados no ser humano, como observação e questionamento, para colecionar informações. • Usa habilidades de pensamento visual e narrativa para compartilhar histórias e hipóteses e testar o que aprenderam. • Prioriza sempre o ponto de vista do cliente.
TECNOLÓGICO	**HUMANITÁRIO**
• Mergulha na revolução tecnológica, sem medo de aprender a codificar, construir ou manipular um robô simples. • Busca constamente recursos de inovação e experimentação. • Lida com as implicações éticas, morais e sociais dessas tecnologias.	• Usa as habilidades e os comportamentos do futurista, inovador e tecnológico para melhorar a comunidade do entorno e a sociedade como um todo. • A ação é motivada por propósito e não por mera atividade de "responsabilidade social corporativa". • Carrega a crença de que tudo é possível.

Fonte: Singularitu Hub, 2017

O **designer organizacional** também é um líder exponencial. Ele é otimista, ousado e questionador. Ele descortina, descobre, mergulha e experimenta. Ele se posiciona e age. É futurista, inovador, conectado à tecnologia e profundamente humano e humanitário.

Volto ao exemplo da Apple, que ilustra bem a dinâmica dos cenários complexos e o desenvolvimento em rede. A trajetória de Steve Jobs foi uma constante prototipagem, marcada por vitórias e fracassos não só no desenvolvimento de produtos, mas também na condução das empresas que criou. A verdadeira mordida da maçã foi a cultura criada por um líder exponencial, com uma formação generalista e um olhar bem específico sobre como atravessar o complexo para se chegar ao essencial. Lá trás, entre erros e acertos, sem moldes, com um propósito em mente e muita paixão por realizar, Jobs incorporou o **designer organizacional**. Arrisco dizer, inclusive, que essa capacidade de ler cenários complexos e traduzi-los de forma tão simples foi o verdadeiro legado dele.

E é esse o desafio que o profissional de RH precisa se impor: fugir das fórmulas prontas e mágicas e buscar na simplicidade a resposta aos problemas complexos. Como? Usando a alma do designer: com empatia, colaboração e prototipagem. Esse caminho, completamente contrário à simplificação e ao simplório, surge como resultado de um trabalho inteligente, criativo e coletivo.

Cristina Zauhy, estudiosa do pensamento complexo e parceira da Ornellas Consultoria, sempre leva essa discussão para dentro das organizações. "Para mim, faz todo sentido a ideia de que o simples é o alcance da essência do que realmente importa, do que fará a diferença, deixando de lado tudo o que impede ou obscurece a nossa visão, nos afasta do essencial e nos distrai. Chega-se ao simples com determinação, disciplina, vontade e disposição e isso dá trabalho e leva tempo. Essa é uma das razões da sua dificuldade. Eu também acredito que quando compartilhado esse esforço com outras pessoas e com o time, chega-se à simplicidade mais facilmente. A inteligência do grupo sempre é maior".

A CONSTRUÇÃO DE UMA NOVA CULTURA

Com a ascensão do **designer organizacional**, as culturas das empresas também são transformadas. Elas se tornam mais conscientes de que inovação aumenta os recursos e as possibilidades, assim como a criatividade gera crescimento. Por isso, as diferenças, a individualidade e o empreendedorismo são vistos com bons olhos. Baseiam-se também em:

- Trabalho temporário e especializado.
- Reação imediata a turbulência e aceleração.
- Foco no mundo externo.
- Flexibilidade e adaptabilidade.
- Abertura para o risco.
- Apoio ao empreendedorismo, criatividade e inovação.
- Ambiente dinâmico e empreendedor.
- Diversidade.

É daí que se constrói um empreendimento inovador e exponencial. Soa como loucura demais? Pois saiba que algumas companhias – inclusive, centenárias – já entenderam que é preciso explorar alternativas para resolver velhos problemas e novos dilemas do mercado.

O varejo, por exemplo, viu o custo físico das lojas tornar-se caro diante da agilidade e facilidade dos canais digitais, que demandavam, por sua vez, o aperfeiçoamento da logística. O problema foi solucionado de formas diferentes pelo Magazine Luiza e pela grife carioca Reserva. O primeiro apostou na operação integrada, isto é, aliou os preços atrativos do ambiente online com os benefícios da loja física, como o atendimento personalizado e o contato com os produtos. Ao investir nas duas pontas, a rede de Luiza Trajano aproximou-se de clientes de diversas faixas de renda e maximizou as oportunidades nos canais online e off-line.

A Reserva preferiu centralizar toda a compra, inclusive da loja física, no e-commerce. Em qualquer unidade, o cliente confere a novidade, adquire as peças e as recebe no endereço de preferência. Com isso, a rede redesenhou a experiência de compra nas lojas, preferindo tornar o metro quadrado inanimado, entulhado de peças e objetos, em um espaço mais humano, voltado à convivência com os clientes. Passou, assim, a oferecer comida, barbearia, videogame e outros serviços que, na concepção da Reserva, ajudam a criar vínculos e a gerar experiência com o seu público-alvo.

A mudança mais radical parece estar em curso na General Motors. Diante do cenário atual e do futuro que se desenha no horizonte, a montadora assumiu que o seu modelo de negócios, baseado na venda de carros, dificilmente se sustentará por muito tempo. Por isso, ela tem investido em startups que desenvolvem tecnologias como o Maven, um serviço de compartilhamento de automóveis, já disponível em Nova York, para aqueles que não sentem mais a necessidade de ter um veículo para chamar de seu.

O que essas empresas têm em comum?

Elas estão atentas ao cenário, estão revisitando suas propostas e estão testando soluções capazes de seduzir os clientes. Esse antídoto pode ter várias fórmulas e não é eterno. Brian Solis, analista da consultoria futurista Altimeter, especializada em disrupção, profetiza em *What's The Future of Business?* [Qual é o futuro do negócio?, em tradução livre]:

> *Agora é o momento do investimento em algo mais do que preço, desempenho e valor. O futuro do negócio é sobre a criação de experiências, produtos, programas e processos que evocam o esplendor e reativam a interação sincera e significativa e o crescimento.*

É por isso que o caminho para a mudança passa inevitavelmente por uma reestruturação da identidade, do caráter, da filosofia e do propósito do indivíduo e das organizações. É preciso coerência, transparência e sustentabilidade para ter aderência ao futuro que nasce desse presente complexo. Se mudamos nosso propósito, é preciso promover uma mutação nas relações travadas dentro de departamentos e empresas e abrir as rodas de diálogo para a expressão dos sentimentos e para uma comunicação mais direta e pessoal. Por fim, é desse movimento de renovação de propósito e relações que nascem os novos fluxos, programas, produtos, serviços e ambientes organizacionais.

A grande ironia da revolução tecnológica é que ela resgata e consolida um forte movimento de humanização das empresas, remetendo à era pós-pós-moderna de Maturana e Yánez. Corroborando com essa visão, o professor do Boston College Gerald C. Kane fez a seguinte leitura para a MIT Sloan Management Review:

> *Um equívoco fundamental sobre a transformação digital é que é algo que as empresas escolhem fazer com tecnologia, ou é principalmente sobre a implementação e uso de tecnologia. Não é. Em vez disso, a transformação digital é sobre como a tecnologia muda as condições em que os negócios são feitos, de maneiras que alteram as expectativas dos clientes, parceiros e funcionários.*

É preciso olhar para fora e prestar atenção no mundo; olhar para dentro e (re)desenhar constantemente os processos; e, finalmente, se movimentar e agir. Ao praticar essas novas habilidades, líderes e designers podem melhorar sua capacidade de não apenas se antecipar às mudanças, mas também de fazer escolhas proativas que conduzam a futuros mais positivos e produtivos para suas organizações, suas comunidades e o mundo.

Ao se apropriar de habilidades intrinsicamente humanas, como a empatia, a colaboração e a prototipagem, para sentir, compartilhar e aprender, o RH como **designer organizacional** passa a construir o futuro em vez de ser atropelado por ele. O caminho pode ser imprevisível e incontrolável, assim como o mundo atual, mas o horizonte que se vislumbra me parece bem mais provocante, sadio e significativo. Eu acho apaixonante esse momento. E você? Quer mesmo continuar fora?

REFERÊNCIAS BIBLIOGRÁFICAS

ALT, Luís; Pinheiro, Tennyson. *Design Thinking Brasil – Empatia, Colaboração e Experimentação*. Rio de janeiro, Editora Elsevier/Alta Books, 2011.

BOCK, Laszlo. *Um novo jeito de trabalhar – o que o Google faz de diferente para ser uma das empresas mais criativas*. Rio de janeiro, Editora Sextante, 2015. 1ª edição.

CAMPOS, Vicente Falconi. *O valor dos Recursos Humanos na era do conhecimento*. Nova Lima, Editora Falconi, 2014, 8ª edição.

CARDOSO, Rafael. *Design para um mundo complexo*. São Paulo, Ubu Editora, 2016.

CODA, Roberto; CESAR, Ana Maria Roux Valentini Coelho; GARCIA, Mauro Neves. "Um novo RH? Avaliando a atuação e o papel da área de RH em organizações brasileiras". In: ENANPAD, 26, 2002, Salvador. Salvador, ANPAD, 2002.

DWECK, Carol S. *Mindset: a nova psicologia do sucesso*. São Paulo, Editora Objetiva, 2014.

GLEICK, James. *Acelerado*. São Paulo, Editora Campus Elsevier, 2000.

GOLEMAN, Daniel. *Liderança: a inteligência emocional na formação do líder de sucesso*. São Paulo, Editora Objetiva, 2015.

ISAACSON, Walter. *Steve Jobs*. São Paulo, Companhia das Letras, 2011, 1ª edição.

JACOBY, Sanford M. *Employing Bureaucracy Managers, Unions, and the Transformation of Work in the 20th Century*. Lawrence Erlbaum Associates Publishers, New Jersey, 2004.

KELLEY, Tom. *As 10 faces da inovação*. São Paulo, Elsevier Editora, 2007.

KOFMAN Fred. *Consciência nos negócios*. São Paulo, Editora Campus, 2007.

LAMA, Dalai. *Compaixão ou Competição*. São Paulo, Palas Atenas Editora, 2006.

LIEDTKA, Jeanne, Ogilvie, Tim. *A magia do Design Thinking – um kit de ferramentas para o crescimento rápido da sua empresa*. HSM Editora 2016.

MANDELL, Nikki. *The Corporation as Family: The Gendering of Corporate Welfare, 1890-1930*.The University of North Carolina Press, 2002.

MARIOTTI, Humberto. *As paixões do ego*. 2008. Editora Palas Atenas, São Paulo.

MATURANA, Humberto R *Amar e brincar: fundamentos esquecidos do humano do patriarcado à democracia*. São Paulo, Palas Athena Editora. 2004.

MATURANA, Humberto; YÁNEZ, Ximena D'Ávila. *Habitar Humano em seis ensaios de biologia-cultural*. São Paulo , Editora Futura, 2000.

MEISTER, Jeane C.; Willyerd, Karie. *O ambiente de trabalho em 2020: como as empresas inovadoras atraem, desenvolvem e mantêm os funcionários do futuro nos dias de hoje*. São Paulo, Alta Books Editora, 2013.

PARKIN, Sara. *O Divergente Positivo: liderança em sustentabilidade em um mundo perverso*. São Paulo, Editora Peirópolis, 2014.

SCHWAB, Klaus. *A Quarta Revolução Industrial*. Tradução: Daniel Moreira Miranda. São Paulo, Edipro, 2016.

SENGE, Peter. *A Quinta Disciplina: arte e prática da organização que aprende*. Rio de Janeiro, Best Seller, 26 Edição, 2010.

SOLIS, Brian. *What's the Future of Business?: Changing the Way Businesses Creates Experiences*. Estados Unidos. Wiley.

ULRICH, Dave. *Os Campeões de Recursos Humanos*. São Paulo, Editora Futura, 1999.

LINKS

Abert. "Brasil: número de smartphones se iguala ao de habitantes". 25 de abril de 2017. Disponível em: http://www.abert.org.br/web/index.php/notmenu/item/25610-brasil-numero-de-smartphones-se-iguala-ao-de-habitantes.

Agência Brasil. "*FAO:* alterações climáticas podem levar mais de 122 milhões de pessoas à pobreza". Brasília, 17 de outubro de 2016. Disponível em: http://agenciabrasil.ebc.com.br/internacional/noticia/2016-10/fao-alteracoes-climaticas-podem-levar-mais-de-122-milhoes-de-pessoas.

Banco Mundial. "Retomando o Caminho para a Inclusão, o Crescimento e a Sustentabilidade". Maio de 2016. Disponível em: http://documents.worldbank.org/curated/en/686871468197371171/pdf/101431-REVISED-PORTUGUESE-v2-SCD-Sumario-Executivo.pdf.

BBC Brasil. "Cidade do interior de SP realiza nesta terça 1ª casamento gay do Brasil". São Paulo, 28 de junho de 2011. Disponível em: http://www.bbc.co.uk/blogs/portuguese/br/2011/06/cidade-do-interior-de-sp-reali.html.

Carreira Muller. "Qual é o perfil do professional do professional de RH?". Indaiatuba, 31 de maio de 2017. Disponível em: http://carreira.com.br/qual-e-o-perfil-do-profissional-de-rh/ .

Cognitive Edge. "Cynefin Framework". Estados Unidos da América. Disponível: http://cognitive-edge.com/ .

Convinton & Burling. Disponível em: https://www.cov.com/

Dell e Institute For The Future (IFTF). "A Nova Era de Parcerias Homem-Máquina". Estados Unidos da América, 12 de junho de 2017. Disponível em: http://www.iftf.org/future-now/article-detail/realizing-2030-dell-technologies-research-explores-the-next-era-of-human-machine-partnerships/.

Deloitte. "The reskilled HR team", Estados Unidos da América, 07 de março de 2014. Disponível em: https://dupress.deloitte.com/dup-us-en/focus/human-capital-trends/2014/hc-trends-2014-reskilled-hr-team.html.

Deloitte. "Relatório de Tendências em Capital Humano Deloitte 2017". Reino Unido, 2017. Disponível em: https://www2.deloitte.com/content/dam/Deloitte/global/Documents/About-Deloitte/central-europe/ce-global-human-capital-trends.pdf .

Época Negócios. "Funcionária diz que vai se ausentar para cuidar de saúde mental e resposta do chefe viraliza". São Paulo, 12 de julho de 2017. Disponível em: http://epocanegocios.globo.com/Carreira/noticia/2017/07/funcionaria-diz-que-vai-se-ausentar-para-cuidar-de-saude-mental-e-resposta-do-chefe-viraliza.html .

Exame. "Mudanças climáticas: o que o brasileiro pensa em 11 números". São Paulo, Brasil, 13 de setembro de 2016. Disponível em http://exame.abril.com.br/brasil/mudancas-climaticas-o-que-o-brasileiro-pensa-em-11-numeros/.

Exame. "A fórmula do Magazine Luiza para sobreviver na crise". São Paulo, 21 de outubro de 2016. Disponível em: http://exame.abril.com.br/revista-exame/a-nova-cara-da-luiza/

Exame. "A gestão divertida e inovadora do fundador da grife Reserva". São Paulo, 29 de janeiro de 2015. Disponível em: http://exame.abril.com.br/carreira/a-lideranca-irreverente-e-inovadora-do-fundador-da-reserva/ .

Facebook. "Building Global Community". Estados Unidos da América, 16 de fevereiro de 2017. Disponível em: https://www.facebook.com/notes/mark-zuckerberg/building-global-community/10154544292806634/.

Folha de S.Paulo. "Enquanto vagas formais crescem, mulheres perdem 11 mil postos". São Paulo, 18 de julho de 2017. Disponível em: http://www1.folha.uol.com.br/colunas/mercadoaberto/2017/07/1902209-enquanto-vagas-formais-crescem-mulheres-perdem-11-mil-postos.shtml

Gestão e RH. "Pesquisa revela os principais desafios e tendências de RH para 2017", São Paulo, 05 de abril de 2017. Disponível em: http://www.gestaoerh.com.br/pt_br/gestao-de-pessoas/7279-pesquisa-revela-os-principais-desafios-e-tendencias-de-rh-para-2017.

Harvard Business Review. "Conscious Capitalism" Is Not an Oxymoron". Estados Unidos da América, 14 de janeiro de 2013. Disponível em:https://hbr.org/2013/01/cultivating-a-higher-conscious.

Harvard Business Review. "What VUCA really means for you". Estados Unidos da América, janeiro-fevereiro de 2014. Disponível em: https://hbr.org/2014/01/what-vuca-really-means-for-you

IBGE. "Educação". São Paulo. Disponível em: http://brasilemsintese.ibge.gov.br/educacao.html. Último acesso: 04 de agosto de 2017.

Maria Augusta. "Experimentação: tente, erre e acerte usando a lógica do design". Brasil, 2017. Disponível em: http://www.mariaaugusta.com.br/experimentacao-no-design-thinking/.

Medium Olark Live Chat. "It's 2017 and Mental Health is still an issue in the workplace". Estados Unidos da América, 6 de julho de 2017. Disponível em: https://medium.com/@OlarkLiveChat/its-2017-and-mental-health-is-still-an-issue-in-the-workplace-61efbef092f.

Mercer. "Mercer's Global Talent Trends Study 2017". Estados Unidos da América, 2017. Disponível em: https://www.mercer.com/our-thinking/career/global-talent-hr-trends.html

MIT Sloan Management Review. "Digital Transformation Is a Misnomer". Estados Unidos da Améric,. 07 de agosto de 2017. Disponível em: http://sloanreview.mit.edu/article/digital-transformation-is-a-misnomer/.

Nações Unidas no Brasil. "União Internacional de Telecomunicações". 2017. Disponível em: https://nacoesunidas.org/agencia/uit/

National Geographic. "Why We Put a Transgender Girl on the Cover of National Geographic", Estados Unidos da América, janeiro de 2017.

Disponível em: http://www.nationalgeographic.com/magazine/2017/01/editors-note-gender/.

Northwest Earth Institute. "A Systems Thinking Model: The Iceberg". Disponível em: https://www nwei.org/iceberg/.

O Estado de S.Paulo. "Em 2016, Uber gerou US$ 20 bilhões em viagens". São Paulo, Brasil, 14 de abril de 2017. Disponível em: http://link.estadao.com.br/noticias/empresas,apesar-de-polemicas-faturamento-do-uber-cresce-no-final-de-2016,70001738845.

O Globo. 'Brasil faz duas cirurgias de mudança de sexo a cada dia". Rio de janeiro, 01 de agosto de 2013. Disponível em: https://oglobo.globo.com/brasil/brasil-faz-duas-cirurgias-de-mudanca-de-sexo-cada-dia-9325203.

ONU. "Goal 7: Ensure access to affordable, reliable, sustainable and modern energy for all". Estados Unidos da América. Disponível em: http://www.un.org/sustainabledevelopment/energy/.

ONU Brasil. "Relator da ONU defende que inclusão é inerente à diversidade sexual e de gênero", 14 de junho de 2017. Disponível em: https://nacoesunidas.org/relator-da-onu-defende-que-inclusao-e-inerente-a-diversidade-sexual-e-de-genero/.

Portal IBC. "Conheça mais Sobre as Teorias Motivacionais". 12 de abril de 2016. Disponível em: http://www.ibccoaching.com.br/portal/lideranca-e-motivacao/teorias-da-motivacao/.

Presencing Institute. "Teoria U". Estados Unidos da América. Disponível em: https://www.presencing.com/theoryu.

Singularity Hub. "How the Most Successful Leaders Will Thrive in an Exponential World". 11 de janeiro de 2017. Disponível em: https://singularityhub.com/2017/01/11/how-the-most-successful-leaders-will-thrive-in-an-exponential-world/ .

StartSe. "GM não quer mais vender carros e vai levar novidade para Nova York". São Paulo, 15 de maio de 2017. Disponível em: https://conteudo.startse.com.br/corporate/felipe/gm-nao-quer-mais-vender-carros-e-vai-levar-novidade-para-nova-york/ .

The Guardian. "Gender pay gap could take 170 years to close, says World Economic Forum", Reino Unido, 25 de outubro de 2016. Disponível em: https://

www.theguardian.com/business/2016/oct/25/gender-pay-gap-170-years-to-close-world-economic-forum-equality.

The Telegraph. "Facebook's 71 gender options come to UK users", Reino Unido, 27 de junho de 2014. Disponível em: http://www.telegraph.co.uk/technology/facebook/10930654/Facebooks-71-gender-options-come-to-UK-users.html.

The New York Times. "Yes, Silicon Valley, Sometimes You Need More Bureaucracy", 30 abril de 2004. Disponível em: https://www.nytimes.com/2014/05/01/upshot/yes-silicon-valley-there-is-such-a-thing-as-not-enough-bureaucracy.html?mcubz=0

The New York Times. "Uber embraces major reforms as Travis Kalanick, the C.E.O., steps away". New York, Estados Unidos da América, 13 de junho de 2017. Disponível em: https://www.nytimes.com/2017/06/13/technology/uber-travis-kalanick-holder-report.html.

The United Nations Office for Disaster Risk Reduction. "The Human Cost of Weather Related Disasters". Estados Unidos da América, 2015. Disponível em http://www.unisdr.org/2015/docs/climatechange/COP21_WeatherDisastersReport_2015_FINAL.pdf.

United Nations Human Rights. "Diversity in humanity" clarion call for expert on sexual orientation, gender identity and human rights", Estados Unidos da América, 9 de junho de 2017. Disponível em: http://www.ohchr.org/EN/NewsEvents/Pages/GenderIdentityReport.aspx.

Valor Econômico. "O emprego sobe nos países ricos, mas os salários não". São Paulo. Publicação original: Financial Times, Londres. 14 de junho de 2017. Disponível em: http://www.valor.com.br/internacional/5003686/emprego-sobe-nos-paises-ricos-mas-salarios-nao.

Valor Econômico. "Sob pressão de investidor, CEO do Uber renuncia". Publicação original: Financial Times. São Paulo, 22 de junho de 2017. Disponível em: http://www.valor.com.br/empresas/5013058/sob-pressao-de-investidor-ceo-do-uber-renuncia.

Você RH. "A juniorização do RH". São Paulo, 18 de abril de 2017. Disponível em: http://exame.abril.com.br/negocios/a-juniorizacao-do-rh/

.

World Economic Forum. "The Future of Jobs". 2016. Disponível em: http://reports.weforum.org/future-of-jobs-2016/

WUJEC, Tom. "Construa uma torre, Construa uma equipe". TED, Estados Unidos da América, fevereiro de 2010. Disponível em: https://www.ted.com/talks/tom_wujec_build_a_tower?language=pt-br .

Impresso em janeiro de 2021.
Fonte tipográfica: Charlie.
Papel: pólen soft [miolo] e supremo [capa].